统计分析软件 EViews 及其应用

刘亚清　鲁亚松　编著

知识产权出版社
全国百佳图书出版单位

图书在版编目（CIP）数据

统计分析软件 EViews 及其应用/刘亚清，鲁亚松编著. —北京：知识产权出版社，2016.6

ISBN 978 - 7 - 5130 - 4206 - 2

Ⅰ. ①统… Ⅱ. ①刘…②鲁… Ⅲ. ①统计分析—应用软件 Ⅳ. ①C819

中国版本图书馆 CIP 数据核字（2016）第 111613 号

内容提要

本书首先介绍了 EViews 的基本功能。然后，介绍了统计学相关理论基础。最后，通过实例来说明 EViews 软件在数据分析处理的应用功能。本书对已掌握统计学理论但初学 EViews 软件的读者有着较大帮助。

责任编辑：国晓健　　　　　责任校对：谷　洋

封面设计：藏　磊　　　　　责任出版：孙婷婷

统计分析软件 EViews 及其应用

刘亚清　鲁亚松　编著

出版发行：知识产权出版社有限责任公司		网　　址：http：//www.ipph.cn	
社　　址：北京市海淀区西外太平庄 55 号		邮　　编：100081	
责编电话：010 - 82000860 转 8385		责编邮箱：guoxiaojian@cnipr.com	
发行电话：010 - 82000860 转 8101/8102		发行传真：010 - 82000893/82005070/82000270	
印　　刷：北京嘉恒彩色印刷有限责任公司		经　　销：各大网上书店、新华书店及相关专业书店	
开　　本：880mm×1230mm　1/32		印　　张：3.625	
版　　次：2016 年 6 月第 1 版		印　　次：2016 年 6 月第 1 次印刷	
字　　数：78 千字		定　　价：20.00 元	

ISBN 978-7-5130-4206-2

前　言

　　EViews（Econometric Views）是当今世界上最流行的计量经济学软件之一。EViews 拥有数据处理、作图、统计分析（其中包括各种统计量的估计与假设检验、方差分析、主成分分析、时间序列的加乘法模型等）、回归建模分析（其中包括线性、非线性单一方程模型，联立方程模型，动态回归模型，分布滞后模型，向量自回归模型，误差修正模型，离散选择模型，ARCH、GARCH 模型，面板数据模型，空间状态模型以及多种估计方法）、预测、时间序列（ARIMA）模型分析、时间序列的 X12 季节调整分析、编程和模拟九大类功能，并且可以在菜单式窗口和编程两种方式下运行，操作简便易学。

　　EViews 除了可以用作经济领域的定量分析工具外，还可以用来作为金融、保险、管理、商务等领域的研究工具。EViews 中的数据处理、作图、统计分析、回归分析以及 Box - Jenkins 的时间序列（ARIMA）建模方法等功能则适用于自然科学、社会科学、人文科学中的各个领域，所以 EViews 软件的适用范围广泛。

　　本书可以作为 EViews 8.0 版本软件的使用手册，对于较低版本亦可借鉴。全书综合介绍了 EViews 8.0 版本的主要功能。

　　本书共分为3个部分，9个章节。第1部分分为第1、第2两章，内容包括 EViews 数据处理、图形和表格；第2部分分为第3、第4、第5、第6四章，内容包括统计学基础、统计推断、参数估计和假设检验；第3部分分为第7、第8、第9三章，内容包括一元线性回归、多元线性回归、几个重要模型估计与检验。其中第9章中的实例涵盖了计量经济学与统计学的主要内容，只要按照实例中给出的步骤去做，就可以达到事半功倍的效果，对类似的问题都可以学会如何用 EViews 处理。

　　本书的特点就是简洁，去掉了大量冗述，从实用角度出发去编著，便于使用者查阅和参考使用，更加侧重于对实际问题的 EViews 分析处理。

目 录

第一部分

第二部分

第三部分

第一部分

EViews 是以对象（Object）为基础建立起来的，对象包括序列（Series）、方程（Equation）、模型（Model）、系数（Coefficient）和矩阵（Matrix）。在使用 EViews 时，这些对象以图标或窗口的形式出现在屏幕上。双击图标出现窗口，单击关闭框，窗口缩小为图标。对象窗口给出对象的视图，大多数对象都有多种表现形式。

所以对象都保存在工作文件（Workfile）中，因此使用 EViews 时，首先要建立一个新的工作文件或从存盘中调用一个已存在的工作文件。对象可以被命名，对象被命名后，其名称将出现在工作文件窗口的目录中，同时，对象将作为工作文件的一部分被保存。当工作文件被保存时，对象也同时被保存。当关闭工作文件时，所有对象将从计算机内存中清除。

本章基于已经掌握上述基础知识的学生，对统计分析软件 EViews 的数据处理、图形和表格功能进行介绍。

第 *1* 章　数据处理

使用 EViews 可以处理时间序列数据和截面数据。

通过多种方法可以将数据输入 EViews，例如，数据可以从数据表文件或文本文件中提取，也可以从 Internet 或其他在线服务中获取，而用键盘输入是最为费时的。

1.1　用键盘输入序列数据

当输入一个或多个序列数据时，可从主菜单中选择 Quick/Empty Group 选项，此时将打开如图 1 – 1 的数据组（Group）界面。

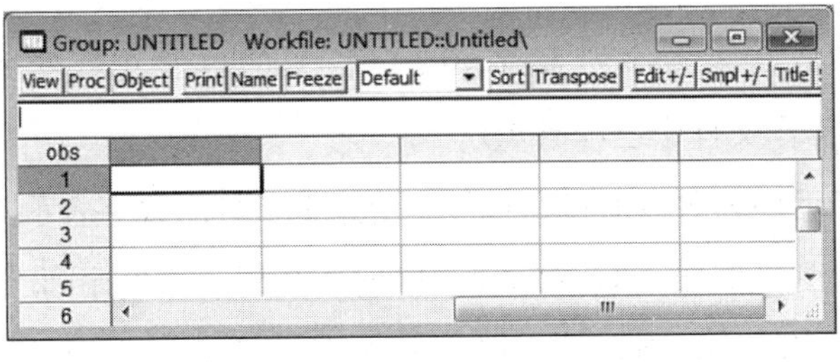

图 1 –1

输入的第一个数据将进入左上角与 1 相对应的单元格，然后可以使用方向键将光标移到下一个待输入的单元格。当第一次输入数据时，EViews 将第一个序列自动命名为 SER01，接着依次类推。将光标移动到"obs"行可以更改序列名，并按回车键确认。在数据表中输入任意多列数据，输入的数据将立即成为当前工作文件的一部分，在输入完数据后可以关闭该数据窗口。如果希望保存该序列组对象，可以通过单击 Name 功能键来完成。注意，输入完数据后，即使删除该序列组对象窗口，其中的序列（Series）对象也已经自动保存在工作文件中。

1.2　通过公式生成新序列

公式在 EViews 中使用得相当频繁。如在描述估计函数、预测函数以及在生成新序列时，都要用到公式。这里首先介绍如何利用数学公式生成新序列。利用数学公式生成新序列，也就是使用普通数学符号对已有序列进行变换。例如，用

LNY = LOG(Y)

即可生成一个新序列 LNY，LNY 是 Y 的自然对数变换序列（假定工作文件中已经有 Y）。

滞后序列可以通过在括号中使用带负号的数字表示滞后期数来得到。例如，X(−6)表示序列 X 的滞后 6 期序列。

X−X(−6)则表示序列 X 与 X 的滞后 6 期序列进行差分得到的差分序列。

可以用成对的括号表示公式中各项的计算顺序。例如：

```
(A+B/(H+K))^2
```

表示先计算 H 与 K 的和，然后除 B，再与 A 相加，最后计算上述结果的平方。

　　在公式中也可使用逻辑变量，这些变量有 TRUE 和 FALSE 两个结果。EViews 用 1 表示 TRUE，用 0 表示 FALSE。也可以通过使用逻辑运算符号 AND 和 OR 来表示复杂的逻辑运算。例如：

```
H=X>6000 AND Y>=20
```

上式表示当 X 大于 6000 并且 Y 大于等于 20 时 H 的值为 1。当上述两个条件中的任何一个得不到满足时，H 的值为 0。与上式取值相反的表达式是：

```
H=X<=6000 OR Y<20
```

上式表示当 X 小于等于 6000 或 Y 小于 20 时，将 1 赋值给变量 H，否则将 0 赋值给变量 H。

1.3　设定样本范围

　　在 EViews 中，设定样本范围是很重要的。样本是一组观测值的集合。样本范围可以是工作文件中的所有观测值，也可以是它的一个子集。

　　EViews 主菜单中 Quick/Sample 选项和工作文件界面的

Procs 的 Sample 命令可以用来完成样本范围的设定。当选择 Sample 命令后，将弹出一个对话框（如图 1 - 2）用来设定所用样本范围。

在图 1 - 2 的对话框中，通常应输入一对日期，第一个是所用数据范围的起点值，第二个是所用数据范围的终点值。例如，2000:1   2011:4 表示在以后的操作中，只用 2000 年第一季度到 2011 年第四季度的观测值。如果想改变数据范围，需要重新设定样本范围。在一个新建的工作文件中，样本范围自动与工作文件的数据范围相同。

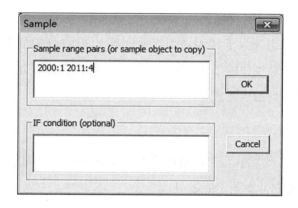

图 1 - 2

当设定的样本范围中含有间断点时，应在对话框中键入多对日期。例如，键入 1980 1990 2000 2010 表示只使用从 1980—1990 年和 2000—2010 年的观测值，1991—1999 年的观测值不在考虑之列。

如果希望使用工作文件中所有的观测值，也可以在对话框

（如图 1－2）的上侧窗口中键入@ ALL。

　　对话框的下侧窗口中允许使用 IF 条件语句，用观测值本身决定样本范围，最终样本范围应该是上侧窗口定义的样本范围与下侧窗口定义的观测值的范围的交集。举例解释如下：

　　上侧窗口中键入：80 93
　　下侧窗口中键入：XX＞5000

这意味着样本将包括 1980—1993 年范围内，序列 XX 大于 5000 的观测值。又对于截面数据：

　　上侧窗口中键入：50 100 200 250
　　下侧窗口中键入：IQ＞＝100 AND EDU＞12

意味着样本将包括从 50～100 和从 200～250 范围内，序列 IQ 的观测值大于等于 100 且序列 EDU 的观测值大于 12 的那些观测值。

　　上侧窗口中键入：58:1　98:4
　　下侧窗口中键入：GDP＞GDP（－1）

则意味着样本将包括从 1958 年第一季度到 1998 年最后一个季度，且序列 GDP 与前一季度相比为增加的那些观测值。

　　逻辑运算符 AND 和 OR 可用来构造更为复杂的表达式。例如，如果希望在样本中仅包含那些年收入超过 5000 美元，且受教育不少于 13 年的个体的时候，应在

　　上侧窗口中键入：@ ALL

下侧窗口中键入：INCOME >5000 AND EDU > =13

也可以在 IF 条件语句中使用@ 函数，例如，

（EDU > 6 AND EDU < 13)OR IQ <@ MEAN（IQ)

将包含序列 EDU 从 7 ~ 12 年之间或序列 IQ 小于其均值的那些观测值。

1.4 样本对象

样本对象（Sample Object）提供了一种描述样本观测值信息并能利用样本名称来设定样本范围的简便方法。在对象类型中选择 Sample，同时给这个对象命名。如果不提供对象名，EViews 将自动为样本对象命名。按 OK 按钮后，如图 1 - 3 的对话框就会出现。

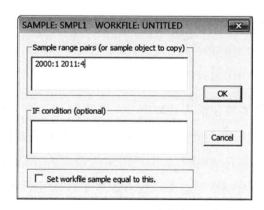

图 1 - 3

乍看起来，这个对话框和上面介绍过的图 1 - 2 很相似，但是这里有两个重要的不同点。首先，图 1 - 2 在标题栏上显示的是样本对象的名称，而在本例中，名称为 SMPL1；另外，本例在对话框的下部，有一个设置工作文件样本等于样本对象（Set workfile sample equal to this）的选择项。

用上面介绍的方法填写对话框，并且选中 Set workfile sample equal to this，然后按 OK 按钮（如果没有按 OK 按钮，所输入的内容将不影响工作文件的样本范围）。

这时样本对象的名称将出现在工作文件目录中，双击样本对象名，将再次出现如图 1 - 3 的对话框，可以在对话框中修改样本范围，同时设置工作文件的样本范围等于这个样本对象的样本范围。

1.5　通过已有序列生成新序列

单击 EViews 主菜单中 Quick 命令，选择 Generate series 选项或者单击工作表窗口的工具栏中 Genr 命令即可利用公式（通过对现有序列的变换）建立新序列。单击 Genr 命令，就会看到一个要求输入公式的对话框（见图 1 - 4）。

在 Enter equation 对话框内键入新的序列名、等号以及描述新序列的公式。例如：

```
Y2 = Y^2
```

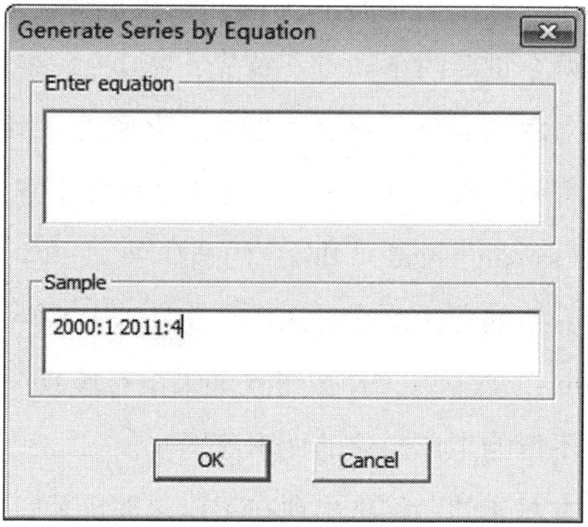

图 1 - 4

表示用 Y 序列生成 Y 的平方序列 Y2。Genr 命令只在当前样本范围内处理数据。当用公式生成新序列时，当前样本范围以外的观测值将用 NA 代替。如果公式等号左边的序列已经存在，当用公式再次生成该序列时，则只改变当前样本范围的观测值，当前样本范围外的原始数据将保持不变。

可以通过多次使用 Genr 功能键将多个序列结合在一起。例如，要建立一个序列，2000:1 ~ 2005:4 取值为 1，2006:1 ~ 2011:4 取值为 2。操作如下：首先，设定样本范围为 2000:1 ~ 2005:4，在图 1 - 4 的对话框内输入变换公式为：

$x = 1$

然后，设定样本范围为 1，2006:1 ~ 2011:4，并输入：

$x = 2$

使用 Genr 命令除了可对序列进行各种变换外，还可以做动态预测和对模型的模拟。当公式右边用到左边序列的滞后项时，左边序列经过计算的值将用于下一期的计算中。例如，假设回归方程中序列 Y 为被解释变量，常数项、序列 X 以及 Y 的滞后项为解释变量。在利用 2000：1～2011：4 的观测值得出回归模型后，希望在区间 2012：1～2013：4 之间对 Y 做一个动态预测。对于从 2012：1～2013：4 的观测值可以列出：

Y = C(1) + C(2) * X + C(3) * Y(-1)

这样将用到 X 从 2012 年第一季度到 2013 年第四季度的数据，同时 EViews 还要使用到计算过的 Y(-1) 的值，并且序列 Y 中从 2012：1～2013：4 中存储的一切原观测值都将被新值所取代。如果希望保存原来的数值，就要将原来的 Y 复制到另一个序列中。

通常在使用 Genr 命令的时候，是在公式等号的左边键入一个单独的序列名，这个指定的序列就是等号右边计算所得值的存放处。

Genr 命令还允许将一些简单公式放在等号左边，这时 EViews 就将所见到的第一个序列名（或潜在的序列名）作为被计算的序列。例如，如果公式是：

LOG(X) = Z

那么序列 X 将由公式 X = EXP（Z）来生成。

下面是一些用来计算并生成序列 X 的正确的 Genr 公式表达式：

$1/X = Z$

$LOG(X/Y)1.44 = Z$

$LOG(@ INV(X) * Y) = Z$

$2 + X + 3 * Z = 4 * TIME$

$D(X) = NRND$

Genr 命令不能解决等式中目标序列在等号左边出现多次的情况。例如，$X + 1/X = 5$ 是一个不正确的表达式，将显示出错信息"不能标准化公式"；而 $LOG(X) = X$ 是正确的，它只不过用 $EXP(X)$ 替代原来的序列 X，而并非计算公式。建议不要用这样的表达式，除非你确切知道这种表达式的含义。

同样，对于 @ TDIST$(X,5) = 2$ 的运算命令将显示"不能计算"，因为 Genr 命令不知道如何进行每一步计算。Genr 命令可以在等号左边使用下列运算符：

$+, -, *, /, \hat{}, LOG(), EXP(), SQR(), @ INV()$

上述规则也适用于模型中的估计方程。

1.6　序列窗口

如果直接双击工作文件中的一个序列名，序列窗口将会打开。第一次打开时，序列窗口是以数据表格的形式显示的。

通过序列窗口中的工具栏可以对序列进行多种变换。工具

栏中的功能键会根据显示的内容不同而改变。在这里，首先简
要介绍数据表格形式下工具栏中的各项命令（见图1－5）。下
面分别介绍。

图1－5

（1）View：可用来显示数据的各种图形和描述性统计量
的值等。

（2）Procs：可以用来生成新序列、做季节性调整和指数
平滑。

（3）Objects：可对序列进行储存、命名删除、另存等
操作。

（4）Print：用于将序列表格在打印机上打印。

（5）Name：用于给序列命名或改名。

（6）Freeze：把数据表格变成冻结的表格对象（Table
Object），以后数据的变化将不再影响冻结表格中的数据。

（7）Edit＋／－：可以打开或关闭修改、编辑功能。当初
次打开序列窗口时，修改功能是关闭的。单击功能键Edit＋／－
可以打开修改功能，这时将光标移动到数据表格中指定位置可
以修改序列名称或数据。

（8）Smpl＋／－：用来选择数据表格显示的数据是否受当
前设定的样本范围的限制。刚打开序列窗口时，此功能处于关
闭状态，即显示所有观测值，单击该功能则仅显示当前样本范

围内的观测值。

（9）Label + / － ：是数据表格状态下记录序列批注信息的显示开关（序列批注信息位于数据上方的区域，用于显示序列的最近更新以及一些其他信息）。

（10）Wide + / － ：可以使序列在单列显示和多列显示方式之间切换，此键的默认选择是单列显示方式。

（11）Title：可以改变数据表格的标题，通常情况下标题和序列名称是一样的，并不需要改动。

（12）Sample：用于改变工作文件的样本范围。在下次改变样本范围之前，所有操作都是在现行样本范围内进行。

（13）Genr：是通过公式利用已有的序列生成新序列。

1.7 序列组

采用序列组（Group）可以很容易地同时处理多个序列。一个序列组包括一系列序列，但它并不是对原有数据的复制。如果改变了一个序列组中某个序列的数据，那么，当再次使用这个序列组时，会看到更新后的数据。同样，如果从工作文件中删除一个序列，它将从原来包含它的任何序列组中消失。还有，序列的重新命名也会改变序列组中包含的这个序列的名称。

序列组也有一个视窗。在序列组界面中的标准视图是一个包含序列组中所有序列数据的表格，其他视图是多序列的图表和特征统计量。

用已有的序列建立一个序列组最方便的方法是在工作文件中选择序列名称，然后，双击选中的序列名称，选择 Open Group，序列组的数据表格视图就被弹出。

同样，也可以用 EViews 主菜单中 Objects/New、Object/Group 建立一个序列组，这时，会弹出如图 1－6 的对话框。然后，在对话框里输入序列的名称，也可以输入序列组的名称。当输入序列组的名称时，该序列组中所有序列将被包含在一个新的序列组中。在输入序列时，还可以包含序列的滞后项和公式。例如，在对话框中可以输入

```
X Y Y( -1)Y^2
```

在主菜单中单击 Quick/Show 选项也可以打开一个序列组，这时需要在出现的对话框（见图 1－7）中输入序列名称或公式。

图 1－6

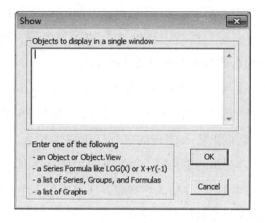

图 1 - 7

其他建立序列组的方法还有：从键盘输入数据，从其他应用复制数据。在主菜单中单击 Quick/Empty Group 选项可以得到没有数据和序列名称的空白表格。在空白表格中，可以在"obs"所对应的栏中输入序列名并在下面的栏内输入数据，这里输入的序列将被加入到工作文件中，空白表格如图 1 - 8。

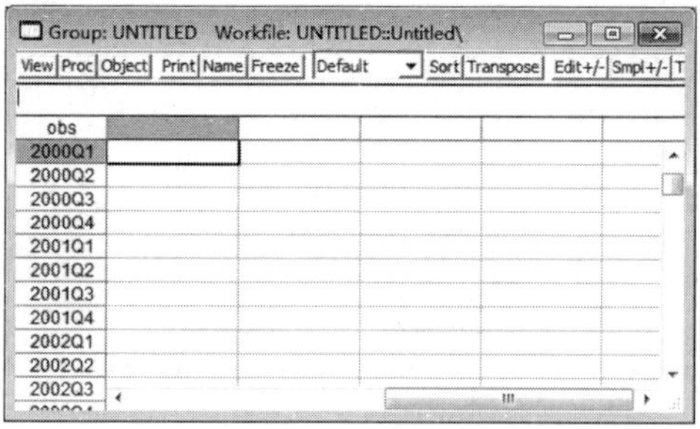

图 1 - 8

在序列组空白表格视图（图 1 - 8）中可以将已经存在的序列加入到序列组，单击 Edit + / - 命令切换到编辑模式，然后，在"obs"那一行中栏目的顶部输入新的或者已存在的序列名称，如果是新建的序列，需要输入数据；如果是已经存在的序列，可以对数据进行修改。

1.8 公式的运用

在主菜单中选择 Quick/Show 选项或者单击工作文件工具栏中的 Show 命令将弹出如图 1 - 7 的对话框，可以显示序列、序列组或者利用公式计算而得到的新序列。

在图 1 - 7 中可以以空格为间隔输入序列、序列组或者公式。当输入多于一个序列名称或公式时，将以序列组窗口的形式打开。例如，如果 U 是失业率，在对话框中输入：

U LOG(U)

会得到如图 1 - 9 的序列窗口。因为在 Show 对话框中（图 1 - 7）用空格分隔序列以及公式，所以在单一公式里不可以含有空格。如果一定要在公式里输入空格的话，需要将它们用圆括号括起来。例如：

X + LOG(Y)

(X + LOG(Y))

都是正确的，但是

```
X + LOG( Y )
```

尽管在 Genr 和模型设定中是正确的，但在 Show 对话框中是错误的。

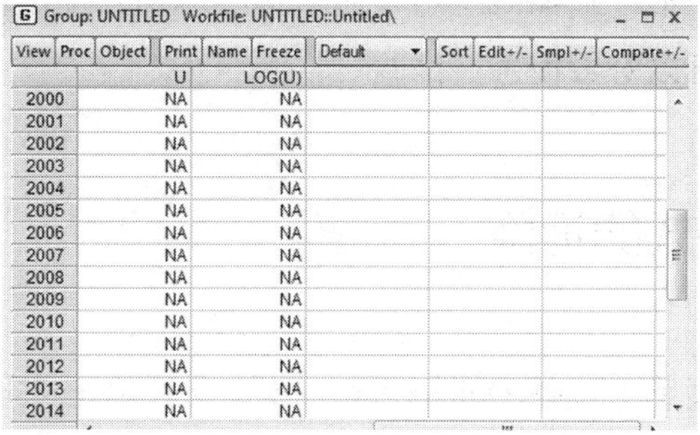

图 1-9

当包含在公式中的序列数据改变时，EViews 会在公式中自动更新，在上述例子中，如果第一栏 U 中数据被修改，第二栏 LOG（U）中相应数据就会自动更新。同样，用 Genr 或者其他选项改变 U 的值时将导致两个栏同时更新。

自动更新既可以在表格中体现，又可以在图表视图中体现。例如，在切换到 Multiple Graph 视图后，U 和 LOG（U）在图表中将分别表示，如果用 Genr 选项来改变 U 的值，两张图都将自动改变。

在图 1-9 中的序列 LOG（U）可以通过命名变成新的序列，只有命名后该序列才能出现在工作文件的目录中。在序列的窗口中，可以通过在"obs"那一行的相应栏中输入新的序列名称来命名。在这种情况下，会有对话框弹出，需要确认是否要把现有的公式转变成序列。一旦将现有的公式转变成序列，那么当原序列再发生变化时，新的序列将不会再更新。

1.9 季节调整

EViews 可以对序列进行季节调整，单击序列窗口中的 Procs（处理）选项，选择 Seasonal Adjustment（季节调整）命令。

其中 Adjustment Method（调整方法）给出了四种调整方法。前两种方法为 Censor X – 12 和 X – 11（Historical），其中 X – 11（Historical）是美国人口普查局标准的季节调整方法，后两种方法是 Ratio to moving average – Multiplicative（移动平均比率法）和 Difference from moving average – Additive（移动平均差分法）。

在 Adjusted Series（调整序列）对话框中可以为调整后的序列定义一个新的序列名。EViews 通过给原始的序列名加 SA 的方式来建立新的序列名。如果需要的话，也可以自己定义新的序列名。在 Factor（optional）对话框中可以为季节性调整因子序列命名。按 OK 按钮后，该调整序列和季节性调整因子序列会自动存入工作文件中。

注意：

（1）季节调整方法并不要求观测样本必须从某年的第一个月（或季度）开始，某年的最后一个月（或季度）结束。数据可以从任何一个月份（或季度）开始，任何一个月份

（或季度）结束。EViews 会调整整个序列。

（2）季节调整方法只适用于季度和月度序列，并且要求数据不少于 4 年。选择乘法（X – 11 法或移动平均比率法）时，序列中的观测值必须为正。

第2章　图形和表格

　　Graph 是序列、序列组、方程以及模型等对象的视图。其数据除了可以用数据表的方式显示外，还可以用各种各样的图形来显示，如以时间为横轴的折线图、条形图、散点图以及饼图等。

2.1　画图

　　要画一个序列的图形，首先要在工作文件目录中双击该序列的名称，这时，会弹出一个列有数据表的窗口。单击 View 选项，选择 Line Graph 命令就可以显示以时间为横轴的折线图，再单击 View 选项，选择 Bar Graph 命令就可以显示标有序列观测值的条形图。

　　要画两个或更多的折线图，可以从工作文件中选择要画图的序列，或从工作文件目录中选择对象并打开一个数据组窗口；接着单击 View 选项选择 Graph/Line 命令就可以得到画在一张图中的各序列的折线图。这种情况下各序列的折线是以不同颜色区分的，单色打印时是以实虚线区分的。如果需要单独显示每个序列的图形，可以单击 View 选项，然后选择 Multiple Graphs/Line 命令，这样就可以得到一个序列一张图的显示结果。

双击图形内任何位置都会弹出 Graph Option 对话框（见图 2 - 1），这里有许多选项，其中最基本的选项是位于左上位置的 Graph Type（图形类型），它包括以下功能：

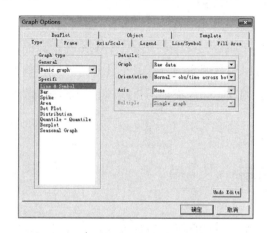

图 2 - 1

Line & Symbol（折线图）：横轴表示时间或序列的顺序，纵轴表示序列中的观测值大小。

Stacked Lines（叠线图）：每条线所代表的观测值都是前面所有序列在该点观测值的总和。

Bar（条形图）：用条柱的高度来表示观测值的大小。

Stacked Bars（叠柱图）：每一个条柱的高度表示序列组中各个序列在某一时点或序数点处观测值的总和。每个序列的观测值则由条柱中带颜色部分的高度来表示。

Mixed Bar & Line（柱线混合图）：序列组中第一个序列显示为条形图，其余的序列则显示为折线图。

Scatter Diagram（散点图）：当数据组中包括两个序列时，第一个序列的观测值构成散点的横坐标，第二个序列的观测值构成纵坐标。当数据组中的序列多于两个时，则第一个序列构成散点的横坐标，其余的序列构成散点的纵坐标。不同序列构成的散点用不同符号区别开来，如小圆圈、小方块、小三角等。

Pie Chart（饼图）：此时，序列组的观测值用饼图来表示。不同序列用不同颜色的扇形表示，扇形的大小，取决于该序列此时点上的观测值占该时点所有序列的总观测值的比率。

2.2　改变图形的其他方法

在 EViews 主菜单中还可以通过双击图形中其他部位的方法来改变画图。

例如，在图形外双击纵轴或横轴上的刻度值区将弹出对话框，可以在此对话框中选择坐标轴是否标有 Ticks（刻度）和 Numbers（数字）。刻度可以在坐标轴内、坐标轴外或者两侧都有。单击 Fonts 可以为坐标轴上的数字选择不同的字体。

如果双击图中的序列名即 Legend，将打开一个对话框，这里可以改变序列的标签，还可以改变图示在图中的位置，确定图示是否加框以及确定图示的栏数等。同样，单击 Fonts 命令可以改变图示的字体。

如果在一个散点图中双击坐标轴的标签，可以改变它们的对齐方式、位置、大小、标签的内容及字体等。可以在任何图形中移动图示框，并且在散点图中可用鼠标拖动每个坐标轴的序列名。在多个图的情况下，可以把任何一个图拖到新的位置。

通过以上操作就可以在应用 EViews 时直接调整好图的形状，并可以十分方便地储存为图形文件或者打印出来。

2.3　冻结图形

如果希望保留某个图形，使它不随工作进程而改变，可以单击对象窗口工具栏中的 Freeze 命令，该功能键可以把当前图形冻结起来。EViews 可以将已经冻结的图形作为一个对象（Graph Object）存储在工作文件里。它以冻结该图前存在的观测值为基础。上面讨论过的修改图形的方法同样适用于修改一个冻结的图形。

2.4　图形模板

EViews 允许使用任何图形作为一个新的或者已经存在图形的模板（Template）。当所需使用的图形的选项与其他图形的选项相同时，使用模板就可以避免进行重复操作。

在一个冻结的图形窗口中，单击 Template 命令将弹出对话框。

首先，选择在当前工作文件中已经存在的一个图形作为模板；然后，在两个模板选项中选择。

Copy options 命令会将模板图形的所有选项设置复制到目前的图形中。

Copy options、text and shading 命令会将模板图形的选项和插入的文本、阴影都复制到目前的图形中。

如果在多图显示窗口的功能键中选择 Template 命令，模板选项就会被应用到窗口中的每个图形中。

2.5　合并图形

EViews 可以把单一窗口中的多个图形合并，而且把它们在一个页面上打印出来；也可以把多个图形（包括已经对图形所做的所有修改）合并成为一个图。

要合并的图必须是在同一个工作文件中，并且已经被命名。从工作文件窗口的目录中选择需要合并的图形对象，然后双击或者从工具栏中选择 View/Open as One Window 命令，或者直接从 EViews 的主菜单中选择 Quick/Show 命令并在随后出现的对话框中输入需要合并的图形对象的名称，则所有选中的图形会按原样显示在新的窗口中。

可以在合并后的图中通过用鼠标拖拽的方式确定各个图的位置，也可以像在冻结的图中那样加入文本框等修饰。调整完成以后，单击该窗口 Name 命令可以给合并的图形命名并存入工作文件中。

2.6　打印图形

单击序列或序列组窗口或冻结的图形窗口工具栏中的
Print 命令将会在打印机上把图形打印出来。单击 EViews 主菜
单的 File/Print Setup 命令将得到如图 2 - 2 的对话框。这里可
以更改打印设置。

图 2 - 2

对话框里的选项都比较清楚，其中，Scale to Page Percent-
age 意味着调整图形的大小使其在打印的页面中占特定的比
例，Set Up 键用来改变打印机的特定设置。

2.7　把图形移到文档中

另外一种打印图形的有效方法就是先在窗口中把图形合并
为文档，然后用 Windows 的文字处理器打印包括图形的整个文

档。为做到这些，首先在激活图形窗口的条件下单击 EViews 主菜单中的 Edit/Copy 命令，就会看到一个名为 Graph Metafile 的对话框。

在这里可以选择将图形复制到 Windows 剪贴板或储存到指定位置；同时可以选择是否使用彩色图形和粗线体。除非在彩色打印机上打印图形，否则最好使用黑白图形。

如果把图形复制到剪贴板，可以切换到文字处理程序或其他应用程序并把图形粘贴到文档上。在 Word 中，标准的粘贴操作会将不加任何修饰的图形粘贴进文档。所以，这些应用程序都可以对图形的大小、位置进行调整，并且可以做进一步的修改。也可以把图形粘贴到画图程序，如 Windows 的画图程序里对其做进一步的修改，之后再把图形粘贴到 Word 程序或其他应用程序。

第二部分

第 **3** 章　统计学基础

3.1　描述性统计量

统计量是根据一个给定数据集中变量的值计算的一个测度。下面介绍几个常用的统计量。

（1）均值。

测量一个变量典型取值的统计量称为集中趋势测度，最常用的集中趋势测度是均值（mean），变量 X 的均值为

$$\overline{X} = \frac{1}{n} \sum_{i=1}^{n} X_i \qquad (3-1)$$

（2）方差和标准差。

测量一个变量所有数据值的离散程度的统计量称为离散测度，最常用的离散测度是方差（variance）及其正平方根，称为标准差（standard deviation），它们的定义为

方差：$\qquad S^2 = \dfrac{\sum\limits_{i=1}^{n} (X_i - \overline{X})^2}{n-1} \qquad (3-2)$

标准差：
$$S = \sqrt{S^2} \qquad (3-3)$$

（3）协方差和相关系数。

两个变量 X 和 Y 各自 n 个观测值的数据集，即有 n 对数据

$$(X_1, Y_1), (X_2, Y_2), \cdots, (X_n, Y_n)$$

测量 X 和 Y 的观测值共变（一起变动）程度的一个测度是协方差（covariance），定义为

$$S_{xy} = \frac{1}{n-1} \sum_{i=1}^{n} (X_i - \overline{X})(Y_i - \overline{Y}) \qquad (3-4)$$

更常用的是相关系数（correlation coefficient），其定义为

$$r = \frac{S_{xy}}{S_x S_y} \qquad (3-5)$$

式中，S_{xy} 为 X 和 Y 的协方差；S_x 和 S_y 分别为 X 和 Y 的标准差。

3.2 概率分布和概率密度函数

一个随机变量取给定值或属于一给定值集的概率所确定的函数称为该随机变量的概率分布。概率分布反映的是随机变量所有可能取值的概率的分配方式。一旦与所有可能结果相联系的概率被确定，则概率分布即完全被确定。

（1）离散随机变量的概率分布。设 X 的取值为 x_1，x_2，$\cdots$，x_n，$\cdots$的离散随机变量，则函数

$$f(x) = \begin{cases} P(X = x_i), & i = 1, 2, \cdots, n, \cdots \\ 0, & X \neq x_i \end{cases} \qquad (3-6)$$

称为 X 的概率分布或概率分布函数（Probability Distribution

Function，PDF），其中 $P(X = x_i)$ 为离散随机变量 X 取 x_i 值的概率。

（2）连续随机变量的概率密度函数。设 X 为连续随机变量，且满足下列条件：

$$f(x) \geqslant 0$$

$$\int_{-\infty}^{\infty} f(x)\, \mathrm{d}x = 1$$

$$\int_{a}^{b} f(x)\, \mathrm{d}x = \mathrm{P}(a < x \leqslant b) \qquad (3-7)$$

则 $f(x)$ 称为 X 的概率密度函数（PDF），其中 $P(a < x \leqslant b)$ 表示 X 位于区间 $(a,b]$ 之中的概率。

连续随机变量与离散随机变量不同，X 取任何指定值的概率被认为是零，只有取某一范围（或区间）的值的概率值才有意义。

3.3　数字特征

虽然 PDF 指明了一个随机变量所取的值以及与这些值相联系的概率，但我们往往并不关注整个 PDF，我们感兴趣的可能是该概率分布的某些概括性特征。最常用的两个概括性测度是期望值和方差。

（1）期望值。

离散随机变量 X 的期望值，用 $\mathrm{E}(X)$ 表示，定义为

$$\mathrm{E}(X) = \sum_x xf(x) \qquad (3-8)$$

式中，$f(x)$ 为 X 的概率密度函数。

由上述定义不难看出，随机变量的期望值是其所有可能的值的加权平均，权数是这些值的概率，离散随机变量的期望值也叫作它的均值。

连续随机变量的期望值定义为

$$\mathrm{E}(X) = \int_{-\infty}^{\infty} xf(x)\,\mathrm{d}x \qquad (3-9)$$

它与离散随机变量期望值的区别是用积分号代替求和号。

性质：

① 若 b 为常数，则 $E(b) = b$；

② 设 X_1，X_2，$\cdots$，X_n 为随机变量，a_1，a_2，$\cdots$，a_n 和 b 为常数，则

$$\mathrm{E}(a_1 X_1 + a_2 X_2 + \cdots + a_n X_n + b)$$
$$= a_1 \mathrm{E}(X_1) + a_2 \mathrm{E}(X_2) + \cdots + a_n \mathrm{E}(X_n) \qquad (3-10)$$

③ 若 X 和 Y 为独立随机变量，则

$$\mathrm{E}(XY) = \mathrm{E}(X)\mathrm{E}(Y) \qquad (3-11)$$

（2）方差。

设 X 为一随机变量，且 $E(X) = \mu$，则 X 的方差定义为

$$\mathrm{Var}(X) = \sigma^2 = \mathrm{E}[(X-\mu)^2] \qquad (3-12)$$

σ^2 的正平方根 σ 称为 X 的标准差。方差和标准差描述的是随机变量诸值的分散程度，通常用来度量随机变量诸值对其均值的离中趋势。方差可用下式计算：

$$\mathrm{Var}(X) = \sum_{x}(X-\mu)^2 f(x), X\text{ 为离散随机变量}$$

$$(3-13)$$

$$\mathrm{Var}(X) = \int_{-\infty}^{\infty}(X-\mu)^2 f(x)\mathrm{d}x, X\text{ 为连续随机变量}$$

性质：

① $\mathrm{Var}(X) = \mathrm{E}[(X-\mu)^2] = \mathrm{E}(X^2) - \mu^2$；

② 常数的方差为 0；

③ 若 a 和 b 为常数，则

$$\mathrm{Var}(aX+b) = a^2\mathrm{Var}(X) \qquad (3-14)$$

④ 若 X 和 Y 为独立随机变量，则

$$\mathrm{Var}(X+Y) = \mathrm{Var}(X) + \mathrm{Var}(Y) \qquad (3-15)$$

（3）协方差。

若 X 和 Y 为两个随机变量，均值分别为 μ_x, μ_y，则两变量的协方差定义为

$$\mathrm{Cov}(X,Y) = E[(X-\mu_x)(Y-\mu_y)] \qquad (3-16)$$

若 X 和 Y 为独立随机变量，则

$$\mathrm{Cov}(X,Y) = 0。$$

（4）相关系数。

两随机变量 X 和 Y 的总体相关系数 ρ 定义为

$$\rho = \frac{\mathrm{Cov}(X,Y)}{\sqrt{\mathrm{Var}(X)\cdot\mathrm{Var}(Y)}} = \frac{\mathrm{Cov}(X,Y)}{\sigma_x\cdot\sigma_y} \qquad (3-17)$$

相关系数是度量两变量之间线性关系强度的测度，其值在 -1 和 $+1$ 之间，即 $-1 \leqslant \rho \leqslant +1$。

（5）相关变量的方差。

设 X 和 Y 是两个随机变量，则

$$\mathrm{Var}(X + Y) = \mathrm{Var}(X) + \mathrm{Var}(Y) + 2\mathrm{Cov}(X,Y)$$

$$\mathrm{Var}(X - Y) = \mathrm{Var}(X) + \mathrm{Var}(Y) - 2\mathrm{Cov}(X,Y)$$

$$(3-18)$$

第4章 统计推断

4.1 一般问题

从总体中抽取样本的过程称为抽样。如果一个样本与具有同样容量为 N 的其他任一样本被选取的概率相同,则该样本称为随机样本。

设有某随机变量观测值的一个样本,我们就可以计算均值 $\overline{X}$ 和标准差等统计量的值。问题是,在不了解总体分布的情况下,能否运用通过抽样得到的样本信息来推断有关总体的情况,这就是统计推断问题。具体说来,我们希望在以下两个方面运用样本信息:(1)检验关于总体参数的假设;(2)作出这些参数可能值的推断,这两方面的应用,是统计推断一般问题的两个分支,即假设检验和参数估计。

4.2 抽样分布

由于样本是总体的一部分,在大多数情况下,仅仅是从总体中抽取的极小部分，因而不能指望它是总体的一个精确的复制品。若某样本均值恰好等于对应的总体均值，那也纯粹是一种巧合。随机样本的样本值（统计量）与总体值（参数）之间的差异称为抽样误差。抽样误差是在样本的选取中偶然因素作用的结果。

由于所有的样本统计量都要受抽样误差的支配，所以我们永远不能十分确信得出的结果，因为单是由于偶然性，单一随机样本就可能产生与总体均值的真值 μ 相差甚远的样本均值 $\overline{X}$。然而，假设从一给定总体中选取容量为 N 的随机样本的过程可以无限次重复进行，则将产生指定统计量的所有可能值的一个分布，即其概率分布。这个概率分布叫做抽样分布（sampling distribution）。抽样分布是与样本统计量联系在一起的概率分布。在统计推断的应用中，必须首先导出有关统计量的抽样分布，这些抽样分布是进行假设检验和参数估计的基础。

4.3　两个定理

定理1　若 $X \sim N(\mu,\sigma)$，则对于容量为 N 的样本的均值 $\overline{X}$，在重复抽样的情况下，有

$$\overline{X} \sim N\left(\mu,\frac{\sigma^2}{N}\right)$$

统计量的标准差（standard deviation）通常称为该统计量的标准误差（standard error），并且样本容量越大，均值的标

准误差越小，即样本的变异性越小。

定理 2（中心极限定理）　从均值为 μ，标准差为 σ 的非正态总体中取出 N 个独立观测值其随机样本的均值为 $\overline{X}$，则只要 N 充分大，$\overline{X}$ 的抽样分布就会近似于均值为 μ，标准差为

$$\sigma_x = \frac{\sigma}{\sqrt{N}}$$ 的正态分布。

中心极限定理将前面有关正态总体的抽样分布的定理推广到非正态分布的一般情况。实际上，对于 N = 30，就可以得到相当满意的近似。但一般来说，原总体对正态分布的偏离越大，样本也应当越大。

第5章 参数估计

5.1 点估计

设 X 为一随机变量，其概率密度函数为 $f(x,\theta)$，其中 θ 为该分布的参数（为了简化，假定仅有一个未知参数）。假定已知概率密度函数的形式，即知道理论 PDF，且是正态分布，但不知道 θ 的值，为估计 θ 的值，从这一已知的分布中抽取一个容量为 n 的随机样本，然后导出样本值的一个函数（公式）：

$$\hat{\theta} = g(x_1, x_2, \cdots, x_n) \qquad (5-1)$$

我们可以用该公式提供 θ 的真值的估计值。$\hat{\theta}$ 称为总体参数 θ 的估计量（estimator），该估计量所取的一个具体值称为 θ 的一个估计值（estimate）。显然，$\hat{\theta}$ 是一个随机变量，因为它是样本数据的函数。

根据上述假定，可得出 $\hat{\theta}$ 的相关统计性质。

其统计性质可分为两类：小样本性质和大样本性质（渐近性质）。

（1）小样本性质。

① 无偏性。如果估计量 $\hat{\theta}$ 的期望值等于 θ 的真值，即

$$E(\hat{\theta}) = \theta \qquad (5-2)$$

则 $\hat{\theta}$ 为 θ 的无偏估计量；反之，则估计量是有偏估计量。

② 有效性。如果 $\hat{\theta}_1$ 和 $\hat{\theta}_2$ 是 θ 的两个无偏估计量，且 $\hat{\theta}_1$ 的方差小于等于 $\hat{\theta}_2$ 的方差，那么 $\hat{\theta}_1$ 为有效估计量，或者说 $\hat{\theta}_1$ 比 $\hat{\theta}_2$ 更有效。

若在 θ 的所有无偏估计量中，我们能够找到一个具有最小方差的估计量，则称为 θ 的最佳估计量。

③最佳线性无偏性。如果估计量 $\hat{\theta}$ 是诸样本观测值的一个线性函数，则 $\hat{\theta}$ 称为 θ 的线性估计量。

如果 $\hat{\theta}$ 是线性的、无偏的，并且它在 θ 的所有线性无偏估计量中具有最小方差，则称 $\hat{\theta}$ 为 θ 的最佳线性无偏估计量（the best linear unbiased estimator，BLUE）。

（2）大样本性质。往往在小样本的情况下，一个估计量不满足某些小样本性质，但随着样本容量无限增大，该估计量就具有一些令人满意的统计性质，这些性质称为大样本性质或渐近性质。

① 渐近无偏性。若对于估计量 $\hat{\theta}$，有

$$\lim_{N \to \infty} E(\hat{\theta}) = \theta \qquad (5-3)$$

则 $\hat{\theta}$ 称为 θ 的渐近无偏估计量，其中 n 为样本容量。也就是说，当样本容量趋向于 ∞ 时，若参数 θ 的一个估计量 $\hat{\theta}$ 的期望值趋向于 θ 的真值，则 $\hat{\theta}$ 称为 θ 的渐近无偏估计量。

② 一致性。如果当样本容量趋向无穷时，估计量 $\hat{\theta}$ 趋向于 θ 的真值，则 $\hat{\theta}$ 称为 θ 的一致估计量。

定义 如果

$$\lim_{n\to\infty}P\{|\hat{\theta}-\theta|<\delta\}=1,\delta>0 \qquad (5-4)$$

式中，P 为概率，则称 $\hat{\theta}$ 为 θ 的一致估计量。

上式通常用概率极限符号表示为

$$P\lim_{n\to\infty}\hat{\theta}=\theta \qquad (5-5)$$

一个估计量是一致估计量的充分条件是

$$\lim_{n\to\infty}E(\hat{\theta})=\theta \qquad (5-6)$$

且

$$\lim_{n\to\infty}\mathrm{Var}(\hat{\theta})=0 \qquad (5-7)$$

5.2 区间估计

点估计量的主要缺点是，它们仅为我们提供一个单值作为未知总体参数的估计值。由于这个估计值依赖于抽样分布的样本容量 N，因而它未必接近总体真值。因此，在某些实际估计问题中，将按某种置信区间建立一个可以预期的未知参数似乎更有意义，这种方法称为区间估计。

（1）置信区间和置信限。

从一均值为 μ，标准差为 σ 的正态总体中抽取容量为 N 的样本。该样本的均值 $\bar{X}$ 将服从均值为 μ，标准差为 $\sigma_x=\dfrac{\sigma}{\sqrt{N}}$ 的

正态分布，即

$$\overline{X} \sim N\left(\mu, \frac{\sigma}{\sqrt{N}}\right) \tag{5-8}$$

或

$$Z = \frac{\overline{X} - \mu}{\dfrac{\sigma}{\sqrt{N}}} \sim N(0,1) \tag{5-9}$$

由正态分布的性质可知，在重复抽样的情况下，95%的样本均值将落在区域 $\mu \pm 1.96\sigma_x$ 之内，也就是

$$\mu - 1.96\sigma_x \leqslant \overline{X} \leqslant \mu + 1.96\sigma_x \tag{5-10}$$

由此式得到

$$\overline{X} - 1.96\sigma_x \leqslant \mu \leqslant \overline{X} + 1.96\sigma_x \tag{5-11}$$

由此可见，若我们说"μ 位于 $\overline{X} \pm 1.96\sigma_x$ 之中"，则对的概率是 95%。区间 $\overline{X} \pm 1.96\sigma_x$ 称为 μ 的95%的置信区间，此区间的上、下限称为 μ 的95%的置信限。

一般地，我们可将与总体均值的区间估计值相关联的概率记为

$$P\left\{\overline{X} - Z_{\frac{\alpha}{2}}\sigma_x \leqslant \mu \leqslant \overline{X} + Z_{\frac{\alpha}{2}}\sigma_x\right\} = 1 - \alpha \tag{5-12}$$

其中概率 $1 - \alpha$ 称为估计 μ 的置信水平。

（2）均值的置信限。

由上可知，均值的95%的置信限位 $\overline{X} \pm 1.96\sigma_x$。如果 σ_x 为已知，则可立即算出该置信限的具体数值，但在实际应用中，我们一般不知道 σ_x，因为 $\sigma_x = \dfrac{\sigma}{\sqrt{n}}$，而总体标准差 σ 一般是未知的，只能用样本标准差 S_x 代替它。在这种情况

下，有

$$t = \frac{\overline{X} - \mu}{S_x} \sim t \ (N-1) \qquad (5-13)$$

与正态分布的情况类似，有

$$P\{\overline{X} - t_{\frac{\alpha}{2}}S_x \leqslant \mu \leqslant \overline{X} + t_{\frac{\alpha}{2}}S_x\} = 1 - \alpha \qquad (5-14)$$

若取 $\alpha = 0.05$，则有

$$P\{\overline{X} - t_{0.025}S_x \leqslant \mu \leqslant \overline{X} + t_{0.025}S_x\}$$

$$= 1 - 0.05 = 0.95 \qquad (5-15)$$

即 μ 的 95% 的置信限为 $(\overline{X} \pm t_{0.025}S_x)$。其中 $t_{0.025}$ 表示截断自由度为 $N-1$ 的 t 分布两端各 2.5% 面积的 t 临界值，可查 t 表得到。

第 *6* 章　假设检验

有两种进行假设检验的方法：显著性检验方法和置信区间法。显著性检验是经典的假设检验方法，具有简洁明晰的特点。

6.1　假设检验的逻辑

假设检验的所有方法都基于这样一个事实：总体参数的任何具体估计值都来自诸估计值的一个分布（或者说来自估计量的抽样分布），这个估计值仅仅是许许多多可能的估计值中的一个。因此，由这个估计值得出的结论必须将整个分布考虑在内。

假设检验可以说就是检验是否出现小概率事件，如果出现小概率事件，则拒绝原来关于总体参数的假设；如果检验表明得到的样本值并不属于小概率事件，即若我们的假设成立，得到该样本值的概率不算小，则不能拒绝原来的假设，或者说，我们接受该假设。

问题是，上面提到的概率究竟应该小到什么程度才算小。

一般说来，这取决于我们愿意承担的拒绝一个正确的假设和接受一个错误的假设这两方面的风险的值。在实践中，一般习惯于取5%作为拒绝假设的临界水平，称为5%的显著性水平。

6.2　假设检验的步骤和方法

设某厂批量生产一种直径为100mm的轴，随机抽取一个16根轴的样本，计算出平均直径（样本均值）为110mm，方差为100，要检验的是生产线是否出了问题。换句话说，要检验总体均值是不是100mm。

（1）建立关于总体的原假设和备择假设。

假设检验的第一步是建立要检验的假设。

正式的假设检验涉及在两个相互矛盾的假设之间进行选择，一个是原假设（null hypothesis）；另一个是备择假设（alternative hypothesis）。原假设通常用 H_0 表示，备择假设用 H_a 或 H_1 表示。下面是关于该轴总体均值的原假设和备择假设：

原假设 H_0：$\mu = 100$

备择假设 H_1：$\mu \neq 100$

以上形式给出的这种类型的检验为双侧检验。若备择假设的形式变为 $\mu > 100$ 或 $\mu < 100$，则称为单侧检验。

（2）计算检验统计量。

假设检验的逻辑是检验由样本数据提供的结果是否为小概率事件，那么如何对此进行判断呢？在假设检验中，做法是构造一个检验统计量，这个检验统计量及其抽样分布是进行假设检验的基础。我们用样本估计值计算出原假设成立的情况下该检验统计量的值，然后根据它的抽样分布（如正态分布、t 分布、F 分布等）就可以得到该检验统计量的值出现的概率，即用于检验的样本估计值出现的概率，从而根据概率值的大小进行判断。

在轴直径检验的例子中，涉及的是总体均值的检验问题。由前面有关区间估计的介绍可知，从正态总体中抽取一样本（样本容量为 N），其样本均值 $\overline{X}$ 将服从均值 μ，标准误差为 $\sigma_x = \dfrac{\sigma}{\sqrt{N}}$ 的正态分布，即

$$Z = \frac{\overline{X} - \mu}{\sigma_x} = \frac{\overline{X} - \mu}{\dfrac{\sigma}{\sqrt{N}}} \sim N(0,1) \qquad (6-1)$$

式中，μ 和 σ 分别为总体的均值和标准差。如果 σ 为已知（如 $\sigma = 8$），Z 就是一个理想的检验统计量，其抽样分布为标准正态分布，在原假设 H_0 成立的情况下，$\mu = 100$，该检验统计量的值可以计算为 $Z = 5$。

问题在于，一般情况下总体标准差是未知的，因而只能由样本数据得到它的估计值：

$$\delta = S = \sqrt{\frac{\sum (X - \overline{X})^2}{N - 1}} \qquad (6-2)$$

用 $\delta_x = S_x = \dfrac{\delta}{\sqrt{N}} = \dfrac{S}{\sqrt{N}}$ 作为 δ_x 的样本估计值，重新构造检验统计量

$$t = \frac{\overline{X} - \mu}{\delta_x} = \frac{\overline{X} - \mu}{S_x} \qquad (6-3)$$

注意这个 t 统计量与 Z 统计量的区别，它不再服从标准正态分布，可以证明，它服从自由度为 $N-1$ 的 t 分布，即

$$t = \frac{\overline{X} - \mu}{\delta_x} = \frac{\overline{X} - \mu}{S_x} \sim t(N-1) \qquad (6-4)$$

在例子中，样本均值 $\overline{X} = 110$，样本标准差 $S = \sqrt{100} = 10$，

$S_x = \dfrac{S}{\sqrt{N}} = \dfrac{10}{\sqrt{16}} = 2.5$，在原假设成立的情况下，$\mu = 100$，因

此 $t = 4$。

至此，轴直径的例子中，构造一个 t 统计量作为检验总体均值的检验统计量，其抽样分布是自由度为 $N-1$ 的 t 分布，这种采用 t 统计量作为检验统计量的假设检验是计量经济分析最常见的一类检验，叫作 t 检验。

一般性推广，设样本估计值 $\hat{\beta}$，样本估计值的标准误差为 $Se(\hat{\beta})$（其中 Se 是 Standard error 的英文缩写），则采用的检验统计量为

$$t = \frac{\hat{\beta} - \beta}{Se(\hat{\beta})} \qquad (6-5)$$

需要注意的是，只有在样本统计量 $\hat{\beta}$ 服从正态分布的情况下，用它构造的 t 统计量才服从 t 分布。

（3）检验原假设，得出关于原假设是否合理的结论。

如果计算的 t 统计量的值出现的概率小于 5%，则拒绝原假设，否则接受原假设。（拒绝域与接收域）

6.3 统计假设的单侧检验

一般而言，如果用 θ 表示待检验的总体参数，则 θ 的双侧检验是关于假设

$$H_0: \quad \theta = \theta_0$$

$$H_1: \quad \theta \neq \theta_0$$

的检验，而 θ 的单侧检验是关于假设

$$H_0: \quad \theta = \theta_0 \qquad H_0: \quad \theta = \theta_0$$
$$\text{或}$$
$$H_1: \quad \theta > \theta_0 \qquad H_1: \quad \theta < \theta_0$$

的检验。

6.4 两种类型的错误

如果原假设 H_0 正确，我们拒绝了正确的原假设，这是第 I 类错误；如果原假设 H_0 错误，我们接受了错误的原假设，这是第 II 类错误。在设计统计检验时，重要的是要确定这两类错误产生的概率，如表 6-1 所示。

表 6-1

	H_0 正确	H_0 错误
接受 H_0	正确决策（$1-\alpha$）	第 II 类错误（β）
拒绝 H_0	第 I 类错误（α）	正确决策（$1-\beta$）

从表中可以看出，犯第 I 类错误的概率是 α，α 即显著性水平；犯第 II 类错误的概率为 β，$(1-\beta)$ 则给出正确地拒绝错误的原假设的概率，$(1-\beta)$ 称为统计检验的功效。

6.5　统计假设的 F 检验

F 检验通常用于检验两正态总体的方差是否相等，亦即是否具有同方差性。

问题可归纳为，从两正态总体中分别取出容量为 n_1 和 n_2 的样本，样本方差分别为 S_1^2 和 S_2^2，要检验的是其总体方差 σ_1^2 和 σ_2^2 是否相等。

采用的检验统计量为

$$F = \frac{S_1^2}{S_2^2} = \frac{\sum \dfrac{(X-\overline{X})^2}{n_1-1}}{\sum \dfrac{(Y-\overline{Y})^2}{n_2-1}} \qquad (6-6)$$

可以证明，F 服从自由度为 n_1-1 和 n_2-1 的 F 分布，即

$$F = \frac{S_1^2}{S_2^2} \sim F(n_1-1, n_2-1) \qquad (6-7)$$

式中，n_1-1 为分子自由度；n_2-1 为分母自由度。

第三部分

第 7 章　一元线性回归

只含有一个自变量的线性回归模型叫作一元回归或者简单回归。所谓的"线性"是指自变量与其条件期望下的因变量之间所呈现线性规律，且结构项对未知参数而言是线性的。

7.1　回归模型的数学表达

一般地，一元线性回归模型可以表示为：

$$y_i = \beta_0 + \beta_1 x_i + \varepsilon_i \qquad (7-1)$$

这里，y_i 表示第 i 名个体在因变量 Y（也称结果变量、反应变量或内生变量）上的取值，Y 是一个随机变量。

x_i 表示第 i 名自变量 X（也称解释变量、先决变量或外生变量）上的取值。注意，与 Y 不同，X 虽然被称作变量，但它的各个数值其实是已知的，只是其取值在不同的个体之间变动。

β_0 和 β_1 是模型的参数，通常是未知的，需要根据样本数据进行估计。$\beta_0 + \beta_1 x_i$ 也就是前面所讲的结构项，反映了由于 x 的变化所引起的 y 的结构性变化。

ε 是随机误差项，也是一个随机变量。而且，有均值 $E(\varepsilon) = 0$，方差 $\sigma_\varepsilon^2 = \sigma^2$ 和协方差 $\text{Cov}(\varepsilon_i, \varepsilon_{i'}) = 0$。注意，它就是前面所讲的随机项，代表了不能由 X 结构性解释的其他因素对 Y 的影响。

对应指定的 x_i 的值，在一定的条件下，对公式（7-1）求条件期望后得到：

$$E(Y \mid X = x_i) = \mu_i = \beta_0 + \beta_1 x_i \qquad (7-2)$$

我们将公式（7-2）称为总体回归方程（Population Regression Function，简称 PRF）。它表示对于每一个特定的取值 x_i，观测值 y_i 实际上都来自一个均值为 μ、方差为 σ^2 的正态分布。

无论回归模型还是回归方程，都是针对总体而言，是对总体特征的总结和描述。所以，参数 β_0 和 β_1 也是总体的特征。但是在实际研究中，我们往往无法得到总体的回归方程，只能通过样本数据对总体参数 β_0 和 β_1 进行估计。当利用样本统计量 b_0 和 b_1 代替总体回归方程中的 β_0 和 β_1 时，就得到了估计的回归方程或经验回归方程，其形式为：

$$\hat{y_i} = b_0 + b_1 x_i \qquad (7-3)$$

同时，我们也可以得到观测值与估计值之差，称为残差，记作 e_i，它对应的是公式（7-1）中的总体随机误差项 ε_i。

7.2　一个实例

根据《中国统计年鉴》，选取 2001～2013 年的我国城镇居民人均可支配收入 x（元）和人均消费支出 y（元），得出如下表 7 - 1。

表 7 - 1　我国城镇居民人均可支配收入和人均消费支出

年份	人均消费支出 y（元）	人均可支配收入 x（元）
2001	5309. 01	6859. 58
2002	6029. 88	7702. 8
2003	6510. 94	8472. 2
2004	7182. 1	9421. 81
2005	7942. 88	10493. 03
2006	8696. 55	11759. 45
2007	9997. 47	13785. 81
2008	11242. 85	15780. 76
2009	12264. 55	17174. 65
2010	13471. 5	19109. 44
2011	15160. 9	21809. 8
2012	16674. 3	24564. 7
2013	18022. 6	26955. 1

（1）画散点图。

由第 1 章中介绍，首先在 EViews 中建立一个工作文件，然后将数据（键盘键入或者复制）导入 EViews 中，选择 Quick/Graph 命令将弹出一个对话框，在对话框中输入 x y（见图 7 - 1）。

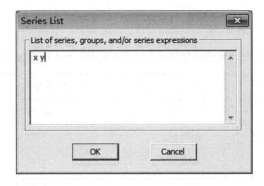

图 7 - 1

单击 OK 按钮出现图 7 - 2 窗口，选择 Scatter，作出散点图（如图 7 - 3）。

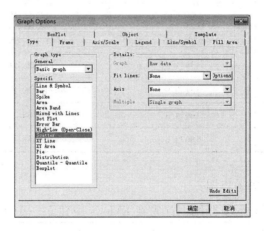

图 7 - 2

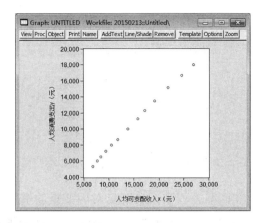

图 7 - 3

① 统计显著性检验。

模型建成之后，需要进行统计学检验。采用最广泛的是由 R^2、t、F 作为检验统计量，以判定模型拟和优度、估计参数和方程的统计显著性。

② 估计参数。

C：截距项，模型常数项。表示当自变量取 0 时，因变量的值。β：斜率项，估计参数（Coefficient）。表示在其他自变量保持不变的情况下，当该自变量发生 1 单位变化时，因变量的变化程度。

③ 拟合优度检验（R^2 检验）。

$$R^2 = \frac{ESS}{TSS} = 1 - \frac{RSS}{TSS} \qquad (7-4)$$

其中：TSS 为总体平方和（Total Sum of Squares），ESS 为回归平方和（Explained Sum of Squares），RSS 为剩余平方和

（Residual Sum of Squares）。

$$TSS = \sum_{i=1}^{n} (y_i - \bar{y})^2$$

$$ESS = \sum_{i=1}^{n} (\bar{y}_i - \bar{y})^2 \qquad (7-5)$$

$$RSS = \sum_{i=1}^{n} \bar{u}^2 = \sum_{i=1}^{n} (y_i - \bar{y}_i)^2$$

R^2 表示在回归方程中，自变量对因变量的解释比例，这一比例越大，回归方程可以解释的部分越多，模型越精确，回归的效果越显著。R^2 是一个介于 0 到 1 的数，越接近 1 说明回归拟合效果越好。一般地，如果 R^2 的取值超过 0.8，认为模型的拟合优度比较高。

④ 参数显著性检验（t 检验）。

检验的零假设为 H_0：$\beta_i = 0$，$i = 1, 2, 3, \cdots, k$

检验统计量 $t = \dfrac{\bar{\beta}_i}{S(\bar{\beta}_i)}$ $i = 1, 2, 3, \cdots, k$

它在零假设下服从自由度为 $n - k - 1$ 的 t 分布，其中 $S(\bar{\beta}_i)$ 是估计量 $\bar{\beta}_i$ 的标准差。当 $|t|$ 小于临界值 $t_{\alpha/2}(n-k-1)$ 时，未通过检验；大于临界值则通过检验。

如果每一个回归系数都通过了 t 检验，说明模型中的每一个自变量都是显著的。未通过显著性检验的系数所对应的变量，应结合实际情况考虑将其剔除，这是自变量选择的一个最常用的方法。

为了方便用户，EViews 给出了拒绝零假设时犯错误（第一类错误）的概率，称为相伴概率 p。若此概率值低于事先确定的置信度（如 0.05 或 0.01），则可拒绝零假设，反之则不能拒绝。（注意：在经济计量学中，当 H_0 被拒绝时，规范的表述是"在 $x\%$ 的水平上拒绝 H_0"；当 H_0 未被拒绝时，规范的表述是"在 $x\%$ 的水平上不能拒绝 H_0"，而不是"在 $x\%$ 的水平上接受 H_0"）

⑤ 方程显著性检验（F 检验）。

检验的零假设为 $H_0: \beta_1 = \beta_2 = \cdots = \beta_k = 0$

检验统计量 $F = \dfrac{\dfrac{ESS}{k}}{\dfrac{RSS}{(n-k-1)}}$

它在零假设下服从自由度为 $(k, n-k-1)$ 的 F 分布。若 F 大于临界值 $F_\alpha(k, n-k-1)$，则拒绝零假设，认为在显著性水平下，因变量对自变量有显著的线性关系，回归方程是显著的；反之则不能拒绝原假设，认为回归方程不显著。

在 EViews 中，同样可以通过 F 统计量的相伴概率 p 值来判定该方程的整体显著性水平。在本例中，F 统计量的相伴概率 p 值为 $0.0000 < 0.01$，因此在 0.01 的水平上拒绝 H_0，即方程总体回归显著。

（2）OLS（普通最小二乘法）估计。

从工作文件主菜单中单击 Quick 键，选择 Estimate Equation 功能，立即弹出一个方程设定对话框，在其中输入 y c x（如图 7-4），也可以按选择框中的说明方式输入 y = c(1) + c(2) * x。

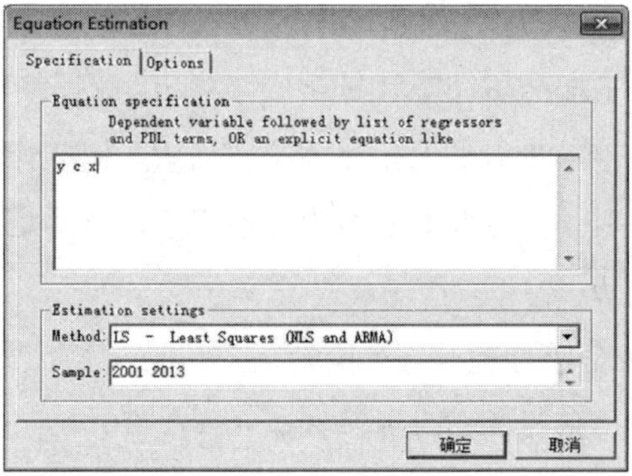

图 7 - 4

在 Estimate Setting（估计方法）选择框中默认状态是 OLS 估计法和样本区间为 2001—2013，按"确定"按钮，即可得到如图 7 - 5 的输出结果。

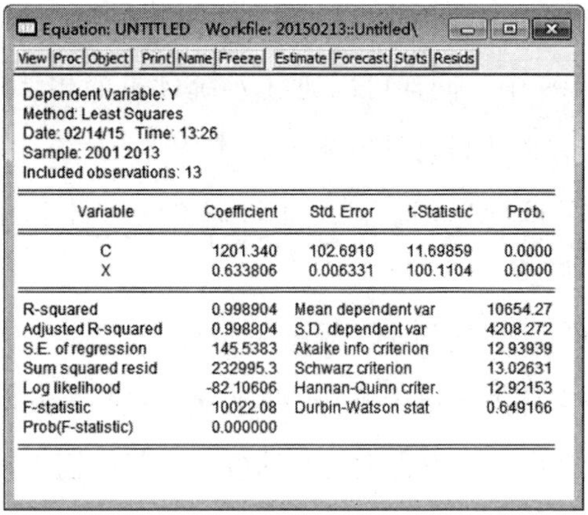

图 7 - 5

对应的回归表达式是：

$$\hat{y_t} = 1201.340 + 0.6338x_t$$

$$(11.7) \quad (100.1) \quad R^2 = 0.9989, \quad s.e. = 145.538$$

（3）拟合度和残差。

上述为图7-5所输出结果的一种表达式，通过该窗口的功能键，还可以得到其他表达式。如单击如图7-5的窗口中的 Resids 就可以得到拟合和残差图（见图7-6）。

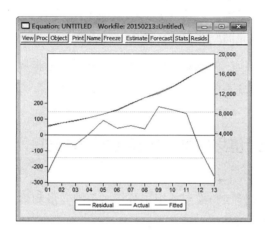

图7-6

第 **8** 章　多元线性回归

在社会研究中，由于许多变量之间都存在一定程度的相关，所以以一元回归分析无法确定某一自变量对结果变量的净效应或者偏效应。而偏效应对于社会研究而言是非常重要的，因为它表达了某个因素对结果变量的独立贡献。

8.1　多元线性回归模型的矩阵形式

多元线性回归模型适用于分析一个因变量和多个自变量之间的关系。假设回归模型有 $p-1$ 个自变量，即 $x_1, x_2, \cdots, x_{p-1}$，则该回归模型可以表示为：

$$y_i = \beta_0 + \beta_1 x_{i1} + \beta_2 x_{i2} + \cdots +$$
$$\beta_k x_{ik} + \cdots + \beta_{(p-1)} x_{i(p-1)} + \varepsilon_i \qquad (8-1)$$

这里，y_i 表示个体 $i(i=1,2,\cdots,n)$ 在因变量 y 中的取值；β_0 为截距的总体参数；$\beta_1, \beta_2, \cdots, \beta_k, \cdots, \beta_{p-1}$ 为斜率的总体参数。由于该回归模型包含多个自变量，因此将式（8-1）称作多元回归模型。

如果我们定义以下矩阵：

$$\boldsymbol{y}_{n \times 1} = \begin{bmatrix} y_1 \\ y_2 \\ \vdots \\ y_i \\ \vdots \\ y_n \end{bmatrix} \qquad \boldsymbol{x}_{n \times p} = \begin{bmatrix} 1 & x_{11} & x_{12} & \cdots & x_{1(p-1)} \\ 1 & x_{21} & x_{22} & \cdots & x_{2(p-1)} \\ \vdots & \vdots & \vdots & \cdots & \vdots \\ 1 & x_{i1} & x_{i2} & \cdots & x_{i(p-1)} \\ \vdots & \vdots & \vdots & \cdots & \vdots \\ 1 & x_{n1} & x_{n2} & \cdots & x_{n(p-1)} \end{bmatrix}$$

$$\boldsymbol{\beta}_{p \times 1} = \begin{bmatrix} \beta_0 \\ \beta_1 \\ \vdots \\ \beta_k \\ \vdots \\ \beta_{p-1} \end{bmatrix} \qquad \boldsymbol{\varepsilon}_{n \times 1} = \begin{bmatrix} \varepsilon_1 \\ \varepsilon_2 \\ \vdots \\ \varepsilon_i \\ \vdots \\ \varepsilon_n \end{bmatrix}$$

那么,采用矩阵的形式,一般线性回归模型(8-1)就可以简单地表示为:

$$\boldsymbol{y}_{n \times 1} = \boldsymbol{x}_{n \times p} \boldsymbol{\beta}_{p \times 1} + \boldsymbol{\varepsilon}_{n \times 1} \qquad (8-2)$$

该式也常常简记为:$\boldsymbol{y} = \boldsymbol{x}\boldsymbol{\beta} + \boldsymbol{\varepsilon}$。这里,$\boldsymbol{y}$ 表示因变量的向量,$\boldsymbol{\beta}$ 表示总体参数的向量,$\boldsymbol{x}$ 表示由所有自变量和一列常数 1 所组成的矩阵,$\boldsymbol{\varepsilon}$ 则表示随机误差变量的向量。

8.2 一个实例

由上一章中的例子,城镇居民在 2001—2013 年间人均可支配收入（元）和人均消费支出（元）情况，我们再引入城镇居民 CPI（设 2001 年 CPI = 100），得到如下表 8 – 1。

表 8 – 1

年份	CPI
2001	100
2002	99
2003	99. 9
2004	103. 2
2005	104. 9
2006	106. 5
2007	111. 3
2008	117. 5
2009	116. 4
2010	120. 1
2011	126. 5
2012	129. 9
2013	133. 3

从而，建立新的回归模型，其表达式为：

$$y = \beta_0 + \beta_1 x + \beta_2 CPI + \varepsilon$$

在 EViews 中，见第 7 章图 7 – 4，输入 y c x cpi，得到下图 8 – 1。

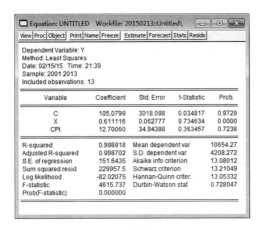

图 8 - 1

可以写出表达式:

$$y = 105.08 + 0.61x + 12.7CPI$$

$$(0.035)\quad(9.7)\quad(0.36)$$

$$R^2 = 0.9989,\ DW = 0.73,\ F = 4616$$

现在用似然比（LR）统计量检验约束 x 对应的回归系数 $\beta_1 = 0$ 是否成立。检验过程是，在输出结果图 8 - 1 窗口中单击 View 命令，选 Coefficient Tests/Redundant Variables - Likelihood Ratio 功能，在随后弹出的对话框中输入 x（图 8 - 2）。按 "OK" 按钮，得检验结果如图 8 - 3。

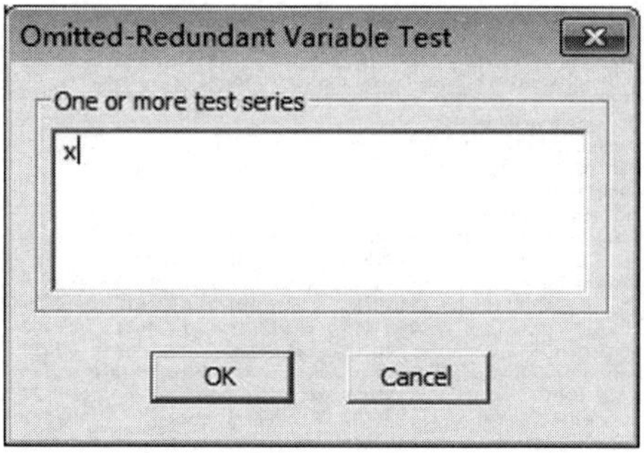

图 8－2

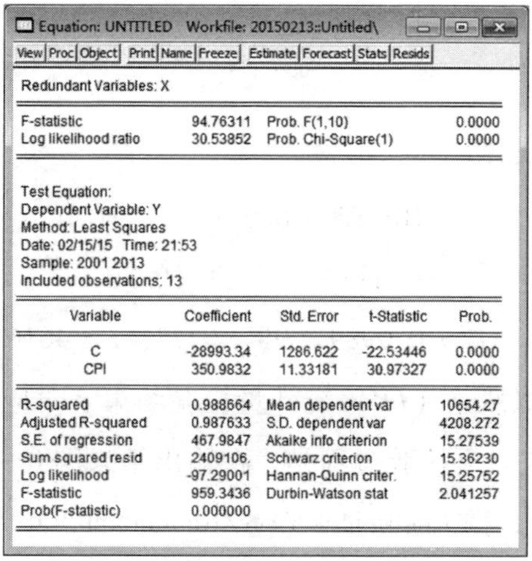
Equation: UNTITLED Workfile: 20150213::Untitled\
View | Proc | Object | Print | Name | Freeze | Estimate | Forecast | Stats | Resids

Redundant Variables: X

F-statistic	94.76311	Prob. F(1,10)	0.0000
Log likelihood ratio	30.53852	Prob. Chi-Square(1)	0.0000

Test Equation:
Dependent Variable: Y
Method: Least Squares
Date: 02/15/15 Time: 21:53
Sample: 2001 2013
Included observations: 13

Variable	Coefficient	Std. Error	t-Statistic	Prob.
C	-28993.34	1286.622	-22.53446	0.0000
CPI	350.9832	11.33181	30.97327	0.0000

R-squared	0.988664	Mean dependent var	10654.27
Adjusted R-squared	0.987633	S.D. dependent var	4208.272
S.E. of regression	467.9847	Akaike info criterion	15.27539
Sum squared resid	2409106.	Schwarz criterion	15.36230
Log likelihood	-97.29001	Hannan-Quinn criter.	15.25752
F-statistic	959.3436	Durbin-Watson stat	2.041257
Prob(F-statistic)	0.000000		

图 8－3

输出结果上部给出了关于约束 x 系数为 0 的 F 检验和 LR 检验两种结果。因为相应概率均小于 0.05，表明 F 和 LR 统计量的值都落在了相应临界值的右边，即原假设的拒绝域，所以结论是：x 系数 $\beta_1 = 0$ 的约束不成立。模型中应该保留解释变量 x。

第 *9* 章　几个重要模型估计与检验

9.1　非线性回归模型估计

通过本例介绍两种非线性回归模型的估计方法：（1）通过线性化的方式估计非线性回归模型；（2）直接估计非线性回归模型。

某硫酸厂生产的硫酸的透明度指标一直达不到优质要求，经分析，透明度低与硫酸中金属杂质的含量太高有关。影响透明度的主要金属杂质是铁、钙、铅、镁等。通过正交试验的方法发现铁是影响硫酸透明度的最主要原因。测量了 30 组样本值，数据见表 9 - 1，硫酸透明度（y）与铁杂质含量（x）的散点图如图 9 - 1，应该建立非线性回归模型。

表9-1   硫酸透明度（y）与铁杂质含量（x）数据

序数	y	x	序数	y	x
1	190	31	16	50	60
2	190	32	17	41	60
3	180	34	18	34	63
4	140	35	19	25	65
5	150	36	20	40	74
6	120	37	21	25	76
7	110	39	22	16	87
8	81	40	23	16	89
9	80	42	24	20	99
10	110	43	25	20	100
11	68	48	26	20	110
12	50	50	27	20	110
13	60	53	28	27	122
14	44	56	29	20	154
15	56	58	30	20	210

通过线性化的方式估计非线性回归模型。

先建立倒数模型。从工作文件主菜单中单击 Quick 键，选择 Estimate Equation 功能，在弹出的对话框的 Equation Specification（方程设定）选择框中输入

$$1/y \quad c \quad 1/x$$

单击"确定"，得到估计结果如图9-2。对应的表达式是：

$$1/y = 0.066 - 2.14(1/x)$$

$$(17.2) \; (-11.0) \; R^2 = 0.81, s.e. = 0.008, F = 120$$

可决系数 $R^2 = 0.81$。

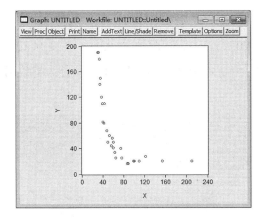

图 9 - 1

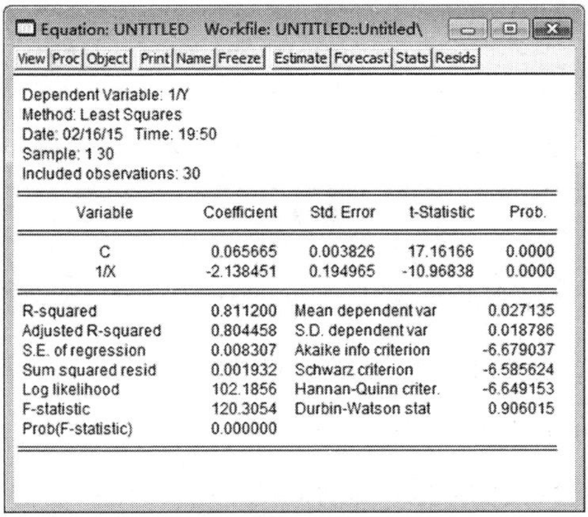

图 9 - 2

　　实际上，如果建立指数函数，拟合的效果会更好。打开
Equation Specification（方程设定）对话框，输入估计命令，

log(y) c 1 /x

单击"确定"，得到估计结果如图 9 - 3。对应的表达式是：

$$\text{Ln}y = 2.10 + 99.2(1/x)$$

$$(20.2)\ (18.7)\ R^2 = 0.93\ ,\ s.e. = 0.23\ ,\ F = 351$$

可决系数 R^2 由0.81提高至0.93，可见拟合为指数函数比倒数函数更好。

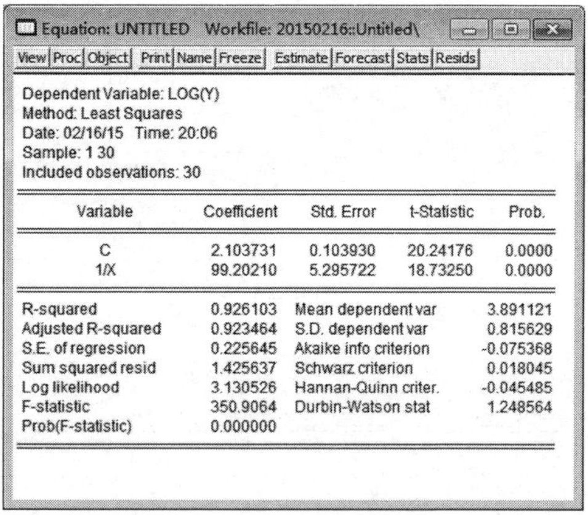

Equation: UNTITLED Workfile: 20150216::Untitled\

View | Proc | Object | Print | Name | Freeze | Estimate | Forecast | Stats | Resids

Dependent Variable: LOG(Y)
Method: Least Squares
Date: 02/16/15 Time: 20:06
Sample: 1 30
Included observations: 30

Variable	Coefficient	Std. Error	t-Statistic	Prob.
C	2.103731	0.103930	20.24176	0.0000
1/X	99.20210	5.295722	18.73250	0.0000

R-squared	0.926103	Mean dependent var	3.891121
Adjusted R-squared	0.923464	S.D. dependent var	0.815629
S.E. of regression	0.225645	Akaike info criterion	-0.075368
Sum squared resid	1.425637	Schwarz criterion	0.018045
Log likelihood	3.130526	Hannan-Quinn criter.	-0.045485
F-statistic	350.9064	Durbin-Watson stat	1.248564
Prob(F-statistic)	0.000000		

图 9－3

散点图与拟合的指数曲线见图9－4。EViews操作步骤是，打开x、y数据组窗口，单击View命令选Graph/Scatter，在Details/Fit lines中选择Regression Line（见图9－5a和图9－5b），再单击图9－5a中的Options弹出对话框，在对话框中y选对数形式，x选倒数形式（见图9－6），按OK按钮后，再在图9－5b的对话框中单击“确定”，就可以得到图9－4的结果。

注意：对数变量和倒数变量也可以通过单击Quick键，选择Generate Series功能先定义成新变量，然后用新变量名列写出估计命令。比如，先把对数变量log(y)定义为Lny，倒数变量1/x定义为z。估计命令写为：

```
Lny c z
```

回归参数的估计结果是一样的，但不如估计命令"log(y)c 1/x"好。原因是预测时，前者只是得到 Lny 的预测值，而后者既可以得到 Lny 的预测值，也可以得到 y 的预测值，而通常更关心 y 的预测结果。

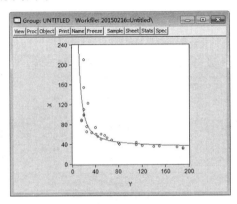

图 9-4

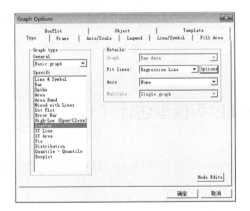

图 9-5a

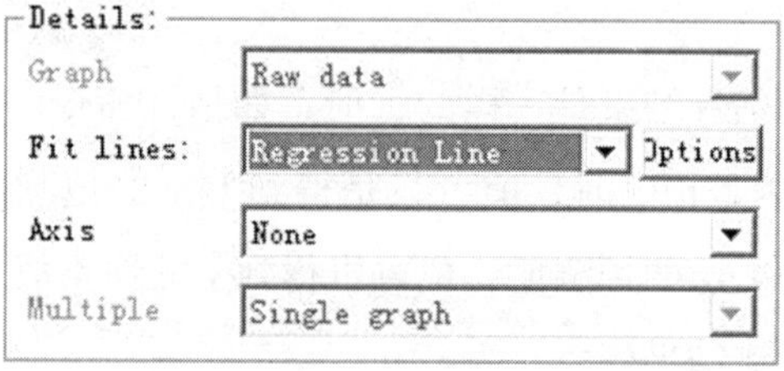

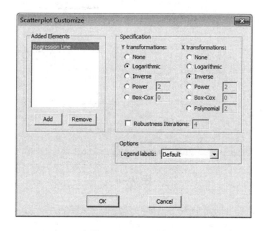

图 9－5b

图 9－6

9.2 时间序列模型估计（1）

下面以 1974—2013 年中国人口时间序列数据（见表 9 - 2）为例：

（1）画时间序列图。

打开工作文件窗口，双击所要选择的中国人口变量 y_t，

从而打开 y_t 的数据窗口。单击 View 命令，选择 Graph/Line & Symbol，就可以得到中国人口序列图（见图 9 – 7）。

表9 – 2　中国人口时间序列数据（单位：亿人）

年份	人口 y_t	年份	人口 y_t	年份	人口 y_t	年份	人口 y_t
1974	9.0859	1984	10.4357	1994	11.985	2004	12.9988
1975	9.242	1985	10.5851	1995	12.1121	2005	13.0756
1976	9.3717	1986	10.7507	1996	12.2389	2006	13.1448
1977	9.4974	1987	10.93	1997	12.3626	2007	13.2129
1978	9.6259	1988	11.1026	1998	12.4761	2008	13.2802
1979	9.7542	1989	11.2704	1999	12.5786	2009	13.345
1980	9.8705	1990	11.4333	2000	12.6743	2010	13.4091
1981	10.0072	1991	11.5823	2001	12.7627	2011	13.4735
1982	10.1654	1992	11.7171	2002	12.8453	2012	13.5404
1983	10.3008	1993	11.8517	2003	12.9227	2013	13.6072

资料来源：《中国统计年鉴》，中国统计出版社，2014。

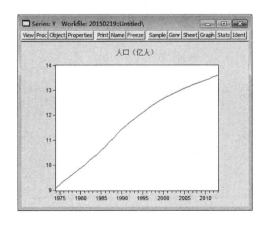

图9 – 7

（2）求中国人口序列的相关图和偏相关图，识别模型形式。

在中国人口序列 y_t 数据窗口中单击 View 命令、选择 Correlogram，可以得到如图 9 - 8 的对话框。其中包括两种选择：①对 Level（原变量）还是对其 1st difference（一阶差分变量）、2rd difference（二次差分变量）求相关图。此项的默认选择是 Level。对于本例，选择 Level，即选择对 y_t 画相关图、偏相关图。②另一项选择是确定相关图的 Lags to include（滞后期），这里选择的是 10。

按 OK 按钮，可得到 y_t 的相关图和偏相关图（见图 9 - 9），右侧给出相对于每一个滞后期估计的自相关系数和偏自相关系数值。Q - Stat 所对应的列是相应自由度的 Q 统计量的值。最右侧 Prob 列中的数字表示相应自由度条件下 χ^2 统计量取值大于相应 Q 值的概率。

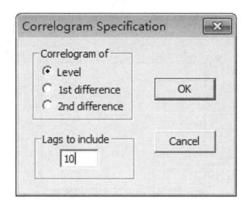

图 9 - 8

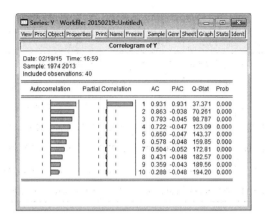

图 9 – 9

9.3 时间序列模型估计（2）

（1）单位根检验。

表 9 – 3

obs	PCE	PDI	GDP	obs	PCE	PDI	GDP
1970	2317. 500	436. 2000	3578. 000	1978	3124. 700	713. 0000	4760. 600
1971	2405. 200	485. 8000	3697. 700	1979	3203. 200	735. 4000	4912. 100
1972	2550. 500	543. 0000	3998. 400	1980	3193. 000	655. 3000	4900. 900
1973	2675. 900	606. 5000	4123. 400	1981	3236. 000	715. 6000	5021. 000
1974	2653. 700	561. 7000	4099. 000	1982	3275. 500	615. 2000	4913. 300
1975	2710. 900	462. 2000	4084. 400	1983	3454. 300	673. 7000	5132. 300
1976	2868. 900	555. 5000	4311. 700	1984	3640. 600	871. 5000	5505. 200
1977	2992. 100	639. 4000	4511. 800	1985	3820. 900	863. 4000	5717. 100

obs	PCE	PDI	GDP	obs	PCE	PDI	GDP
1986	3981.200	857.7000	5912.400	1993	4748.900	977.9000	7062.600
1987	4113.400	879.3000	6113.300	1994	4928.100	1107.000	7347.700
1988	4279.500	902.8000	6368.400	1995	5075.600	1140.600	7543.800
1989	4393.700	936.5000	6591.900	1996	5237.500	1242.700	7813.200
1990	4474.500	907.3000	6707.900	1997	5423.900	1393.300	8159.500
1991	4466.600	829.5000	6676.400	1998	5678.700	1566.800	8515.700
1992	4594.500	899.8000	6880.000	1999	5978.800	1669.700	8875.800

在序列的菜单中选取"View \ Unit root test",打开检验设定窗口,如图9-10a、9-10b选择ADF检验,选择水平序列或差分序列进行检验,选择检验式(是否包含漂移和时间趋势),选取最大滞后阶数(EViews会根据SIC信息准则选择适当的滞后阶),便可得到检验结果,根据检验结果可以判定序列的平稳性。

以变量GDP为例,首先检验水平序列(如图9-10a)的平稳性,检验结果如图9-11,显示GDP非平稳。

其次检验一阶差分序列(图9-10b)的平稳性:检验结果如图9-12,显示GDP的一阶差分是平稳的,即GDP是I(1)过程。

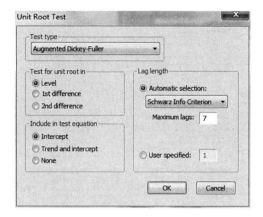

图 9 – 10a

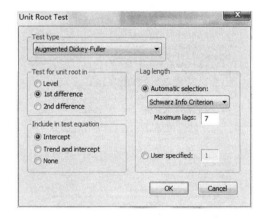

图 9 – 10b

```
Series: GDP  Workfile: UNTITLED::Untitled\                          _  □  X
View Proc Object Properties  Print Name Freeze  Sample Genr Sheet Graph Stats I
              Augmented Dickey-Fuller Unit Root Test on GDP

Null Hypothesis: GDP has a unit root
Exogenous: Constant
Lag Length: 0 (Automatic - based on SIC, maxlag=7)

                                               t-Statistic    Prob.*

Augmented Dickey-Fuller test statistic          2.465599     0.9999
Test critical values:    1% level              -3.679322
                         5% level              -2.967767
                        10% level              -2.622989

*MacKinnon (1996) one-sided p-values.


Augmented Dickey-Fuller Test Equation
Dependent Variable: D(GDP)
Method: Least Squares
Date: 03/06/16  Time: 13:14
Sample (adjusted): 1971 1999
Included observations: 29 after adjustments

    Variable       Coefficient   Std. Error   t-Statistic    Prob.

    GDP(-1)          0.037574     0.015239     2.465599     0.0203
       C           -31.04669     89.28843    -0.347712     0.7308

R-squared               0.183777  Mean dependent var      182.6828
Adjusted R-squared      0.153546  S.D. dependent var      125.2929
S.E. of regression      115.2732  Akaike info criterion   12.39896
Sum squared resid       358773.5  Schwarz criterion       12.49325
Log likelihood         -177.7849  Hannan-Quinn criter.    12.42849
F-statistic             6.079177  Durbin-Watson stat       1.532016
Prob(F-statistic)       0.020323
```

图 9 – 11

```
Series: GDP  Workfile: UNTITLED::Untitled\                          _  □  X
View Proc Object Properties  Print Name Freeze  Sample Genr Sheet Graph Stats I
            Augmented Dickey-Fuller Unit Root Test on D(GDP)

Null Hypothesis: D(GDP) has a unit root
Exogenous: Constant
Lag Length: 0 (Automatic - based on SIC, maxlag=7)

                                               t-Statistic    Prob.*

Augmented Dickey-Fuller test statistic         -3.271429     0.0262
Test critical values:    1% level              -3.689194
                         5% level              -2.971853
                        10% level              -2.625121

*MacKinnon (1996) one-sided p-values.


Augmented Dickey-Fuller Test Equation
Dependent Variable: D(GDP,2)
Method: Least Squares
Date: 03/06/16  Time: 13:10
Sample (adjusted): 1972 1999
Included observations: 28 after adjustments

    Variable       Coefficient   Std. Error   t-Statistic    Prob.

   D(GDP(-1))       -0.616319     0.188394    -3.271429     0.0030
       C            117.2713     40.24417     2.913996     0.0072

R-squared               0.291597  Mean dependent var       8.585714
Adjusted R-squared      0.264350  S.D. dependent var      140.1212
S.E. of regression      120.1820  Akaike info criterion   12.48464
Sum squared resid       375536.6  Schwarz criterion       12.57980
Log likelihood         -172.7850  Hannan-Quinn criter.    12.51373
F-statistic             10.70225  Durbin-Watson stat       1.808636
Prob(F-statistic)       0.003016
```

图 9 – 12

（2）EG 两步法协整检验。

① 建立回归方程。单击菜单栏里的 Quick 命令，选择 Estimate Equation。在出现的对话框中依次输入：gdp、c、pdi。如图 9 – 13 所示。

图 9 – 13

② 按 "确定" 按钮得到方程回归结果，如图 9 – 14 所示。

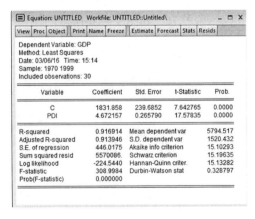

图 9 – 14

③在方程对话框中，单击 Proc 命令，选择 Make Residual Series（如图9－15），生成方程的残差系列，命名为"e"并对 e 系列进行 ADF 单位根检验，检验结果如图9－15所示。

		t-Statistic	Prob.*
Augmented Dickey-Fuller test statistic		-4.355447	0.0020
Test critical values:	1% level	-3.689194	
	5% level	-2.971853	
	10% level	-2.625121	

图 9－15

检验形式为既不包括常数项也不包括趋势项。检验结果表明，在5%的显著性水平下，残差系列是平稳系列，所以 GDP 和 PDI 存在协整关系。

（3）误差纠正模型。

单击菜单栏里的 Quick 命令，选择下拉菜单的 Estimate Equation，在出现的对话框中依次输入：d(gdp)、c、e(－1)、d(pdi)。其中，e(－1)是误差修正项，d(gdp)、d(pdi)表示取 gdp 和 pdi 的一阶差分。如图9－16所示。

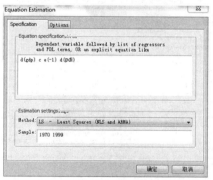

图 9－16

按"确定"按钮，得到误差修正模型的估计结果，见图 9 – 17。

```
┌─ Equation: UNTITLED  Workfile: UNTITLED::Untitled\      _ □ X ┐
│ View Proc Object │ Print Name Freeze │ Estimate Forecast Stats Resids │
│                                                                │
│ Dependent Variable: D(GDP)                                     │
│ Method: Least Squares                                          │
│ Date: 03/06/16   Time: 17:11                                   │
│ Sample (adjusted): 1971 1999                                   │
│ Included observations: 29 after adjustments                    │
│                                                                │
│   Variable     Coefficient   Std. Error   t-Statistic   Prob.  │
│                                                                │
│       C         121.1021     12.92323     9.370886     0.0000  │
│     E(-1)       -0.016425    0.027703    -0.592899     0.5584  │
│     D(PDI)       1.457864    0.151995     9.591529     0.0000  │
│                                                                │
│ R-squared          0.782930   Mean dependent var    182.6828  │
│ Adjusted R-squared 0.766233   S.D. dependent var     125.2929 │
│ S.E. of regression 60.57849   Akaike info criterion  11.14345 │
│ Sum squared resid  95413.60   Schwarz criterion      11.28490 │
│ Log likelihood    -158.5801   Hannan-Quinn criter.   11.18775 │
│ F-statistic        46.88862   Durbin-Watson stat      1.446581│
│ Prob(F-statistic)  0.000000                                    │
└────────────────────────────────────────────────────────────┘
```

图 9 – 17

（4）ARMA 模型的识别和估计。

表 9 – 4　我国 1978—2015 年各年度 GDP 增长率（%）

年份	GDP 增长率	年份	GDP 增长率	年份	GDP 增长率
1978	11.7	1992	14.2	2006	12.7
1979	7.6	1993	14	2007	14.2
1980	7.8	1994	13.1	2008	9.6
1981	5.2	1995	10.9	2009	9.2
1982	9.1	1996	10	2010	10.5
1983	10.9	1997	9.3	2011	9.3
1984	15.2	1998	7.8	2012	7.7
1985	13.5	1999	7.6	2013	7.7
1986	8.8	2000	8.4	2014	7.4
1987	11.6	2001	8.3	2015	6.9
1988	11.3	2002	9.1		
1989	4.1	2003	10		
1990	3.8	2004	10.1		
1991	9.2	2005	11.3		

注意：ARMA 模型的估计要求序列是平稳的，否则要首先进行差分处理，再对差分平稳序列进行识别和估计。本序列已经经过平稳性检验是平稳的。

① 自相关分析。

在序列菜单中选取 View \ Correlogram 选项（图9－18），得到自相关系数、偏自相关系数、Q 统计量和相应图示，如图9－19。

根据相关图确定序列是 AR、MA、还是 ARMA 过程。

图 9－18

	AC	PAC	Q-Stat	Prob
1	0.527	0.527	11.411	0.001
2	0.000	-0.384	11.411	0.003
3	-0.242	-0.064	13.952	0.003
4	-0.318	-0.185	18.470	0.001
5	-0.424	-0.343	26.750	0.000
6	-0.358	-0.091	32.844	0.000
7	-0.145	-0.117	33.875	0.000
8	0.081	-0.050	34.211	0.000
9	0.267	0.084	37.951	0.000
10	0.248	-0.166	41.299	0.000
11	0.059	-0.186	41.494	0.000
12	-0.009	0.063	41.499	0.000
13	0.008	-0.038	41.503	0.000
14	0.033	0.127	41.571	0.000
15	-0.005	0.021	41.572	0.000
16	-0.094	-0.182	42.183	0.000

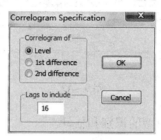

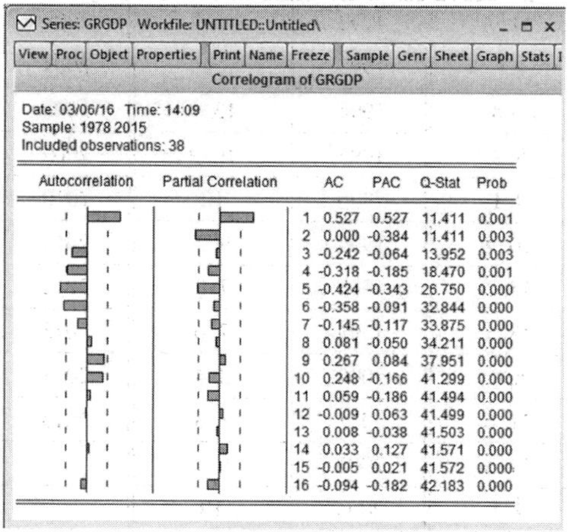

图 9－19

② ARMA 模型的估计：以 ARMA（1，1）为例。

在模型估计窗口 Quick \ Estimate Equation 中设定模型的模式如图 9 – 20，得到如图 9 – 21 的估计结果。

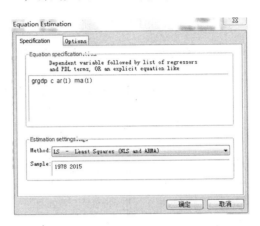

图 9 – 20

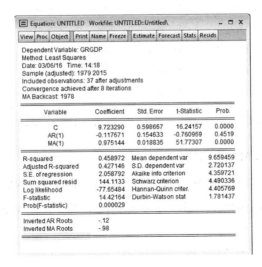

图 9 – 21

9.4 VAR 模型分析与协整检验

以 1990—2013 年对数的中国货物进口、出口（Lni_t，Lne_t）货物总额序列为例（数据见表 9-5）介绍 VAR 模型分析。

表 9-5　中国货物进出口总额数据（单位：亿元人民币）

年份	进口 IMPO	出口 EXPO	年份	进口 IMPO	出口 EXPO
1990	2985. 8	2574. 3	2002	26947. 9	24430. 3
1991	3827. 1	3398. 7	2003	36287. 9	34195. 6
1992	4676. 3	4443. 3	2004	49103. 3	46435. 8
1993	5284. 8	5986. 2	2005	62648. 1	54273. 7
1994	10421. 8	9960. 1	2006	77597. 2	63376. 9
1995	12451. 8	11048. 1	2007	93563. 6	73300. 1
1996	12576. 4	11557. 4	2008	100394. 9	79526. 5
1997	15160. 7	11806. 5	2009	82029. 7	68618. 4
1998	15223. 6	11626. 1	2010	107022. 8	94699. 3
1999	16159. 8	13736. 4	2011	123240. 6	113161. 4
2000	20634. 4	18638. 8	2012	129359. 3	114801. 0
2001	22024. 4	20159. 2	2013	137131. 4	121037. 5

（1）VAR 模型估计。

Lni_t、Lne_t 的时间序列见图 9-22。两个序列都是带有趋势的非平稳序列，明显存在某种均衡关系，建立 VAR 模型的步骤如下。

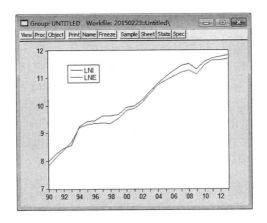

图 9 - 22

　　单击 Quick 键，选择 Estimate VAR…功能，随即打开一个
对话框如图 9 - 23，其中需要做 5 项选择：①VAR Type（Var
类型）选择区含两种选择：无约束 VAR（Unrestricted VAR）
和向量误差修正模型（Vector Error Correlation）。默认选择是
无约束 VAR 模型。②Estimation Sample（样本范围）选择框要
求给出用于运算的样本范围。③Endogenous Variables（内生变
量）选择区要求给出 VAR 模型中所包含的内生变量。④Lag
Intervals for Endogenous（内生变量滞后期）选择区要求给出
VAR 模型的滞后期。⑤Exogenous Variables（外生变量）选择
区要求给出外生变量（VAR 模型中的截距项也属于外生变
量）。本例的选择见图 9 - 23。

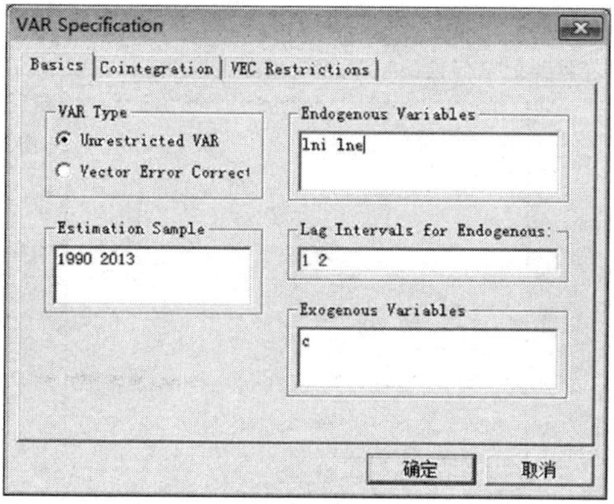

图 9 – 23

按"确定"按钮，得检验结果如图 9 – 24（截成 3 部分上下摆放）。第 1 部分中的两列代表两个方程式，Lni 和 Lne 分别表示两个方程式等号左侧的被解释变量。不带括号的数字表示相应方程式右侧变量的回归系数估计值。回归系数估计值下面第一个带括号的数字表示相应回归系数估计量的标准差。回归系数估计值下面第二个带括号的数字表示相应回归系数估计量的 t 统计量的值。

第 2 部分给出的是 VAR 模型中每个方程的 10 种评价统计量的值。

第 3 部分给出的是 VAR 模型作为整体的 4 个评价统计量的值。

```
Var: UNTITLED  Workfile: 20150223::Untitled\
View Proc Object  Print Name Freeze  Estimate Stats Impulse Resids
                  Vector Autoregression Estimates
Vector Autoregression Estimates
Date: 02/23/15  Time: 11:13
Sample (adjusted): 1992 2013
Included observations: 22 after adjustments
Standard errors in ( ) & t-statistics in [ ]

                      LNI              LNE

LNI(-1)          -0.581941       -1.189406
                 (0.42242)        (0.40935)
                 [-1.37765]       [-2.90560]

LNI(-2)           0.329512        0.747738
                 (0.39479)        (0.38258)
                 [ 0.83466]       [ 1.95449]

LNE(-1)           1.434646        2.154055
                 (0.40583)        (0.39328)
                 [ 3.53510]       [ 5.47721]

LNE(-2)          -0.196088       -0.746106
                 (0.51390)        (0.49800)
                 [-0.38157]       [-1.49820]

C                 0.479919        0.557435
                 (0.27718)        (0.26860)
                 [ 1.73146]       [ 2.07531]
```

第 1 部分

R-squared	0.988936	0.988940
Adj. R-squared	0.986333	0.986338
Sum sq. resids	0.265508	0.249337
S.E. equation	0.124972	0.121107
F-statistic	379.8787	380.0325
Log likelihood	17.37203	18.06326
Akaike AIC	-1.124730	-1.187569
Schwarz SC	-0.876766	-0.939605
Mean dependent	10.40967	10.28626
S.D. dependent	1.068989	1.036131

第 2 部分

Determinant resid covariance (dof adj.)	6.65E-05
Determinant resid covariance	3.97E-05
Log likelihood	49.04161
Akaike information criterion	-3.549237
Schwarz criterion	-3.053309

第 3 部分

图 9 – 24

单击 View 命令，选择 Representations 功能，得 VAR 模型的代数式表达如图 9 - 25。

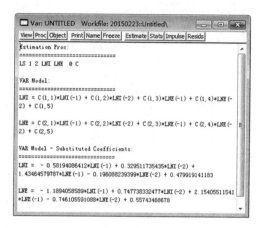

图 9 - 25

（2）VAR 模型平稳性检验。

在 VAR 模型估计结果窗口单击 View 命令，选 Lag Structure，AR Roots Table 功能，即可得到 VAR 模型的全部特征根（见图 9 - 26）。若选 Lag Structure，AR Roots Graph 功能，即可得到单位圆曲线以及 VAR 模型全部特征根的位置图（图 9 - 27）。

图 9 - 26、图 9 - 27 显示此 VAR 模型中存在大于 1 的根，是一个非平稳系统，但由后面的检验可知，Lni_t、Lne_t 两个序列间存在协积关系。

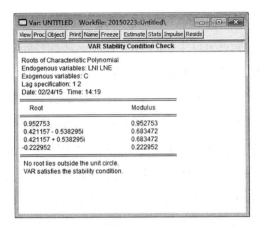

图 9 – 26

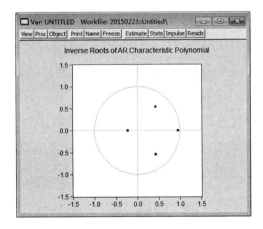

图 9 – 27

（3）协整性检验。

下面介绍协整检验步骤。打开检验协整关系所用变量 Lni_t 和 Lne_t 的数据组窗口，单击 View 命令，选择 Cointegration Test …功能，随即打开一个 Johansen Cointegration Test（Johansen 协积检验）对话框，如图 9 − 28，其中需要做 3 种选择：①在 Deterministic trend assumption of test（检验的确定性趋势假设）选择框有 5 种选择。对于 Lni_t 和 Lne_t 序列选第 3 种形式，即"数据中有确定性趋势，协积方框中有截距项"是合理的。②Exog variable（外生变量）选择框保持空白。③Lag intervals（滞后期间）选择框选 1 期（指内生变量差分项个数）。按"确定"按钮，得协整检验结果如图 9 − 29。

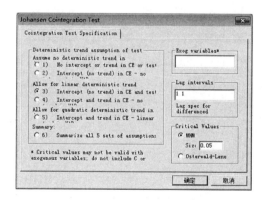

图 9 − 28

输出结果主要分为 3 部分。第 1 部分为 Johanson 协整检验结果，其中包括迹（Trace）统计量检验和最大特征值（Max − Eigen）统计量检验。以检验水平 0.05 判断，因为迹统计量检

验有 15. 82 > 15. 49，3. 0 < 3. 84；最大特征值统计量检验有
12. 81 < 14. 26，3. 0 < 3. 84。

Johansen Cointegration Test

Date: 02/27/15　Time: 14:44
Sample (adjusted): 1992 2013
Included observations: 22 after adjustments
Trend assumption: Linear deterministic trend
Series: LNI LNE
Lags interval (in first differences): 1 to 1

Unrestricted Cointegration Rank Test (Trace)

Hypothesized No. of CE(s)	Eigenvalue	Trace Statistic	0.05 Critical Value	Prob.**
None *	0.441463	15.81828	15.49471	0.0447
At most 1	0.127662	3.004728	3.841466	0.0830

Trace test indicates 1 cointegrating eqn(s) at the 0.05 level
* denotes rejection of the hypothesis at the 0.05 level
**MacKinnon-Haug-Michelis (1999) p-values

Unrestricted Cointegration Rank Test (Maximum Eigenvalue)

Hypothesized No. of CE(s)	Eigenvalue	Max-Eigen Statistic	0.05 Critical Value	Prob.**
None	0.441463	12.81355	14.26460	0.0837
At most 1	0.127662	3.004728	3.841466	0.0830

Max-eigenvalue test indicates no cointegration at the 0.05 level
* denotes rejection of the hypothesis at the 0.05 level
**MacKinnon-Haug-Michelis (1999) p-values

Unrestricted Cointegrating Coefficients (normalized by b'*S11*b=I):

LNI	LNE
-17.14957	17.32858
-0.605158	1.593823

Unrestricted Adjustment Coefficients (alpha):

D(LNI)	0.073998	-0.027429
D(LNE)	0.027131	-0.039017

1 Cointegrating Equation(s):　　Log likelihood　　47.53925

Normalized cointegrating coefficients (standard error in parentheses)

LNI	LNE
1.000000	-1.010438
	(0.01518)

Adjustment coefficients (standard error in parentheses)

D(LNI)	-1.269028
	(0.45769)
D(LNE)	-0.465279
	(0.45832)

图 9 - 29

第 2 部分给出了非标准化的协整参数矩阵，$\beta =$
$\begin{bmatrix} -17.15 & -0.61 \\ 17.33 & 1.59 \end{bmatrix}$ 和调整参数矩阵 $\alpha = \begin{bmatrix} 0.074 & -0.027 \\ 0.027 & -0.039 \end{bmatrix}$。

第 3 部分给出了标准化的协整参数向量，$\beta = (1 \quad -1.01)'$。
调整参数向量 $\alpha = (-1.27 \quad -0.47)'$。

9.5 面板数据模型分析

根据《中国统计年鉴》数据，2008—2013 年中国东北、华北、华东 15 个省级地区的城镇居民家庭人均消费（cp，不变价格）和人均可支配收入（ip，不变价格）如表 9 - 6、表 9 - 7 所示。

表 9 - 6 2008—2013 年中国东北、华北、

华东 15 个省级地区的城镇居民人均消费（元）

人均消费	2008	2009	2010	2011	2012	2013
CONSUMEBJ	16460.26	17893.30	19934.5	21984.4	24045.9	26274.9
CONSUMETJ	13422.47	14801.35	16561.8	18424.1	20024.2	21711.9
CONSUMEHB	9086.73	9678.75	10318.3	11609.3	12531.1	13640.6
CONSUMESX	8806.55	9355.10	9792.7	11354.3	12211.5	13166.2
CONSUMENMG	10828.62	12369.87	13994.6	15878.1	17717.1	19249.1
CONSUMELN	11231.48	12324.58	13280.0	14789.6	16593.6	18029.7
CONSUMEJL	9729.05	10914.44	11679.0	13010.6	14613.5	15932.3
CONSUMEHLJ	8622.97	9629.60	10683.9	12054.2	12983.6	14161.7
CONSUMESH	19397.89	20992.35	23200.4	25102.1	26253.5	28155.0
CONSUMEJS	11977.55	13153.00	14357.5	16781.7	18825.3	20371.5

人均消费	2008	2009	2010	2011	2012	2013
CONSUMEZJ	15158. 30	16683. 48	17858. 2	20437. 5	21545. 2	23257. 2
CONSUMEAH	9524. 04	10233. 98	11512. 6	13181. 5	15011. 7	16285. 2
CONSUMEFJ	12501. 12	13450. 57	14750. 0	16661. 1	18593. 2	20092. 7
CONSUMEJX	8717. 37	9739. 99	10618. 7	11747. 2	12775. 7	13850. 5
CONSUMESD	11006. 61	12012. 73	13118. 2	14560. 7	15778. 2	17112. 2

表 9 – 7　2008—2013 年中国东北、华北、华东 15 个省级地区的城镇居民人均可支配收入（元）

人均可支配收入	2008	2009	2010	2011	2012	2013
INCOMEBJ	24724. 89	26738. 48	29072. 9	32903. 0	36468. 8	40321. 0
INCOMETJ	19422. 53	21402. 01	24292. 6	26920. 9	29626. 4	32293. 6
INCOMEHB	13441. 09	14718. 25	16263. 4	18292. 2	20543. 4	22580. 3
INCOMESX	13119. 05	13996. 55	15647. 7	18123. 9	20411. 7	22455. 6
INCOMENMG	14432. 55	15849. 19	17698. 2	20407. 6	23150. 3	25496. 7
INCOMELN	14392. 69	15761. 38	17712. 6	20466. 8	23222. 7	25578. 2
INCOMEJL	12829. 45	14006. 27	15411. 5	17796. 6	20208. 0	22274. 6
INCOMEHLJ	11581. 28	12565. 98	13856. 5	15696. 2	17759. 8	19597. 0
INCOMESH	26674. 90	28837. 78	31838. 1	36230. 5	40188. 3	43851. 4
INCOMEJS	18679. 52	20551. 72	22944. 3	26340. 7	29677. 0	32537. 5
INCOMEZJ	22726. 66	24610. 81	27359. 0	30970. 7	34550. 3	37850. 8
INCOMEAH	12990. 35	14085. 74	15788. 2	18606. 1	21024. 2	23114. 2
INCOMEFJ	17961. 45	19576. 83	21781. 3	24907. 4	28055. 2	30816. 4
INCOMEJX	12866. 44	14021. 54	15481. 1	17494. 9	19860. 4	21872. 7
INCOMESD	16305. 41	17811. 04	19945. 8	22791. 8	25755. 2	28264. 1

表 9-8　2008—2013 年中国东北、华北、

华东 15 个省级地区的城镇消费者物价指数（元）

物价指数	2008	2009	2010	2011	2012	2013
PBJ	105. 1	98. 5	102. 4	105. 6	103. 3	103. 3
PTJ	105. 4	99. 0	103. 5	104. 9	102. 7	103. 1
PHB	105. 2	98. 8	102. 8	105. 3	102. 7	102. 7
PSX	107. 0	99. 0	103. 1	105. 1	102. 4	103. 0
PNMG	105. 4	99. 7	103. 0	105. 5	103. 3	103. 4
PLN	104. 4	100. 0	102. 8	105. 1	102. 9	102. 4
PJL	105. 1	99. 9	103. 4	105. 2	102. 5	102. 9
PHLJ	105. 0	99. 8	103. 6	105. 6	103. 3	102. 0
PSH	105. 8	99. 6	103. 1	105. 2	102. 8	102. 3
PJS	105. 2	99. 6	103. 6	105. 1	102. 6	102. 3
PZJ	104. 8	98. 7	104. 0	105. 3	102. 2	102. 3
PAH	106. 0	98. 9	103. 0	105. 4	102. 2	102. 4
PFJ	104. 5	98. 3	103. 1	105. 2	102. 4	102. 6
PJX	105. 9	99. 4	102. 9	105. 1	102. 6	102. 4
PSD	104. 7	99. 9	102. 6	104. 7	102. 1	102. 1

定义

$$cp = 100 \times consumer/p$$

$$ip = 100 \times income/p$$

（1）建立面板数据（panel data）工作文件。

首先建立工作文件。打开工作文件窗口，单击主功能菜单上的 Objects 键，选 New Object 功能，从而打开 New Object（新对象）选择窗。在 Type of Object 选择区选择 Pool（合并数据库），并在 Name of Object 选择区为合并数据库起名 Consume

（初始显示为 Untitled）（见图 9 - 30）。单击 OK 键，从而打开
合并数据库（Pool）窗口。在窗口中输入 15 个不同省级地区
的标识 BJ（北京）、TJ（天津）、HB（河北）、SX（山西）、
NMG（内蒙古）、LN（辽宁）、JL（吉林）、HLJ（黑龙江）、
SH（上海）、JS（江苏）、ZJ（浙江）、AH（安徽）、FJ（福
建）、JX（江西）、SD（山东），如图 9 - 31。

图 9 - 30

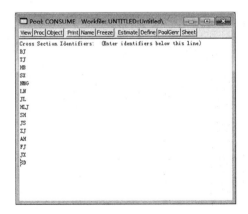

图 9 - 31

（2）定义序列名并输入数据。

在新建的 Pool（合并数据库）窗口（图 9－31）的工具栏单击 Sheet 键，从而打开 Series List（列写序列名）窗口，输入定义时间序列变量 consume?　income?　p?，如图 9－32a。单击 OK 键，工作文件中会出现 3×15 个尚未输入数据的变量名。3 个变量的后缀分别为 AH、BJ、FJ、HB、HLJ、JL、JS、JX、LN、NMG、SD、SH、SX、TJ、ZJ（见图 9－33）。单击 Pool 窗口的 Edit +/－ 键（图 9－32b），使窗口处于可编辑状态，通过键盘输入或粘贴的方法输入数据。

图 9－32a

	CONSUME?	INCOME?	P?
AH-2008	NA	NA	NA
AH-2009	NA	NA	NA
AH-2010	NA	NA	NA
AH-2011	NA	NA	NA
AH-2012	NA	NA	NA
AH-2013	NA	NA	NA
BJ-2008	NA	NA	NA
BJ-2009	NA	NA	NA
BJ-2010	NA	NA	NA
BJ-2011	NA	NA	NA
BJ-2012	NA	NA	NA
BJ-2013	NA	NA	NA
FJ-2008	NA	NA	NA
FJ-2009	NA	NA	NA
FJ-2010	NA	NA	NA
FJ-2011	NA	NA	NA
FJ-2012	NA	NA	NA
FJ-2013	NA	NA	NA

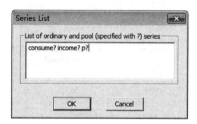

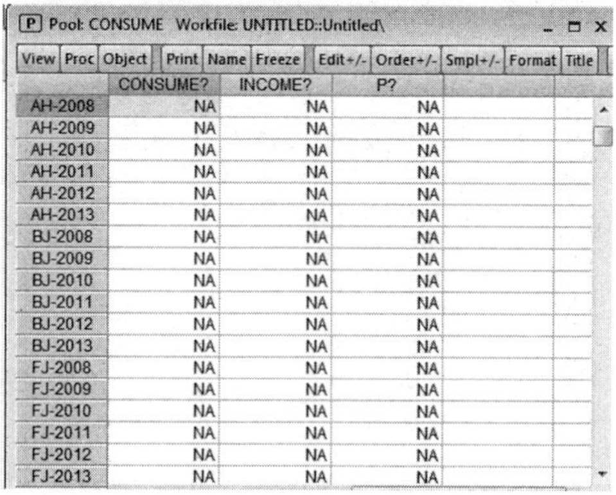

图 9－32b

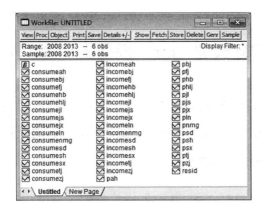

图 9 – 33

　　也可以在工作文件中选中该 45 个变量，用 Show 命令打开
数据组（Group）窗口，使窗口处于可编辑状态，然后通过键
盘输入或粘贴的方法输入数据。

　　下面介绍怎样通过 PoolGenr 键生成新数据。重新打开一个
Pool（合并数据库）窗口，在窗口中输入变量后缀（标识），
分别为 AH、BJ、FJ、HB、HLJ、JL、JS、JX、LN、NMG、
SD、SH、SX、TJ、ZJ。单击 Pool 窗口中的 PoolGenr 键，在弹
出的对话框中输入：

　　　　cp? =100×consume? /p?

单击 OK 键，就可以同时生成 15 个 cp 变量，即 cpah，cpbj，…，
cpzj。同理，也可以生成 15 个 ip 变量。cp?、ip? 分别是固定
价格的城镇居民家庭人均消费和人均可支配收入变量。

9.6 LPM 模型、Logit 模型和 Probit 模型

基于实验数据估计 LPM 模型、Logit 模型和 Probit 模型，比较估计结果，理解不同模型设定下估计结果的含义。

实验数据如表9-9。

表9-9 一个例表

obs	GPA	TUCE	PSI	GRADE
1	2.66	20	0	0
2	2.89	22	0	0
3	3.28	24	0	0
4	2.92	12	0	0
5	4	21	0	1
6	2.86	17	0	0
7	2.76	17	0	0
8	2.87	21	0	0
9	3.03	25	0	0
10	3.92	29	0	1
11	2.63	20	0	0
12	3.32	23	0	0
13	3.57	23	0	0
14	3.26	25	0	1
15	3.53	26	0	0
16	2.74	19	0	0
17	2.75	25	0	0
18	2.83	19	0	0
19	3.12	23	1	0
20	3.16	25	1	1

obs	GPA	TUCE	PSI	GRADE
21	2. 06	22	1	0
22	3. 62	28	1	1
23	2. 89	14	1	0
24	3. 51	26	1	0
25	3. 54	24	1	1
26	2. 83	27	1	1
27	3. 39	17	1	1
28	2. 67	24	1	0
29	3. 65	21	1	1
30	4	23	1	1
31	3. 10	21	1	0
32	2. 39	19	1	1

（1）LPM 模型。

直接基于 OLS 估计结果的结果。

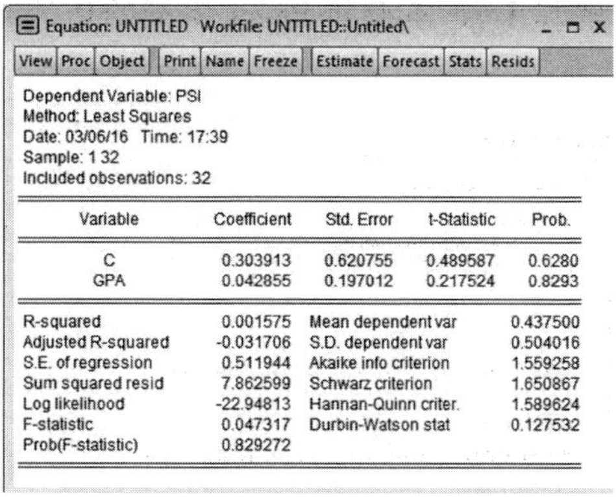

图 9 - 34

Equation: UNTITLED Workfile: UNTITLED::Untitled\ _ □ ×

View | Proc | Object | Print | Name | Freeze | Estimate | Forecast | Stats | Resids

Dependent Variable: PSI
Method: Least Squares
Date: 03/06/16 Time: 17:39
Sample: 1 32
Included observations: 32

Variable	Coefficient	Std. Error	t-Statistic	Prob.
C	0.303913	0.620755	0.489587	0.6280
GPA	0.042855	0.197012	0.217524	0.8293

R-squared	0.001575	Mean dependent var		0.437500
Adjusted R-squared	-0.031706	S.D. dependent var		0.504016
S.E. of regression	0.511944	Akaike info criterion		1.559258
Sum squared resid	7.862599	Schwarz criterion		1.650867
Log likelihood	-22.94813	Hannan-Quinn criter.		1.589624
F-statistic	0.047317	Durbin-Watson stat		0.127532
Prob(F-statistic)	0.829272			

图 9 – 35

（2）Logit 模型和 Probit 模型。

在估计方法中选择 BIBARY，选取 Logit 选项（图 9 – 36），得到 logit 模型的估计结果（图 9 – 37）；或选择 Probit 选项（图 9 – 38），得到 Probit 模型的估计结果（图 9 – 39）。

要求：解释 Logit 模型和 Probit 模型的估计结果并进行比较。

图 9 – 36

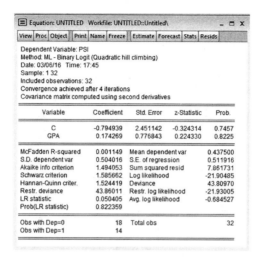

图 9 – 37

图 9 – 38

Equation: UNTITLED Workfile: UNTITLED::Untitled\

View | Proc | Object | Print | Name | Freeze | Estimate | Forecast | Stats | Resids

Dependent Variable: PSI
Method: ML - Binary Probit (Quadratic hill climbing)
Date: 03/06/16 Time: 17:44
Sample: 1 32
Included observations: 32
Convergence achieved after 4 iterations
Covariance matrix computed using second derivatives

Variable	Coefficient	Std. Error	z-Statistic	Prob.
C	-0.491040	1.512236	-0.324711	0.7454
GPA	0.107030	0.479710	0.223113	0.8234

McFadden R-squared	0.001132	Mean dependent var	0.437500
S.D. dependent var	0.504016	S.E. of regression	0.511923
Akaike info criterion	1.494077	Sum squared resid	7.861942
Schwarz criterion	1.585685	Log likelihood	-21.90523
Hannan-Quinn criter.	1.524442	Deviance	43.81045
Restr. deviance	43.86011	Restr. log likelihood	-21.93005
LR statistic	0.049655	Avg. log likelihood	-0.684538
Prob(LR statistic)	0.823664		

Obs with Dep=0	18	Total obs	32
Obs with Dep=1	14		

图 9－39

9.7 Panel Data 模型

分析我国各省市区消费增长率（GRREXP）和固定资本形成增长率（GRRFC）对通货膨胀（PAICPI）的影响。Panel Data 数据（图 9－40）。

View | Proc | Object | Print | Name | Freeze | Default | Sort | Transpose | Edit+/- | Smpl+/-

obs	PAICPI	GRREXP	GRRFC
obs	PAICPI	GRREXP	GRRFC
1-92	9.900000	81.80000	93.70900
1-93	19.00000	103.6000	136.0100
1-94	24.90000	106.2000	148.4100
1-95	17.30000	107.8000	165.2500
1-96	11.60000	112.9000	93.44700
1-97	5.300000	105.5000	106.8900
1-98	2.400000	110.1000	117.1900
1-99	0.600000	111.7100	105.6500
1-00	3.500000	126.6500	110.5400
1-01	3.100000	111.9000	118.1100
1-02	-1.800000	112.7000	117.0400
1-03	0.230000	111.5000	113.4000
1-04	0.950000	110.4000	112.0000
1-05	1.450000	106.8000	121.6200
1-06	0.890000	110.5000	109.3100
2-92	11.40000	101.7000	113.0900

图 9－40

图 9 – 41

Variable	Coefficient	Std. Error	t-Statistic	Prob.
C	-2.432036	9.149377	-0.265814	0.7905
GRREXP	-0.066483	0.084372	-0.787980	0.4312
GRRFC	0.130233	0.030509	4.268690	0.0000

Effects Specification

Cross-section fixed (dummy variables)

R-squared	0.046364	Mean dependent var	5.614138
Adjusted R-squared	-0.024451	S.D. dependent var	7.654913
S.E. of regression	7.747933	Akaike info criterion	7.001327
Sum squared resid	24252.31	Schwarz criterion	7.291754
Log likelihood	-1491.789	F-statistic	0.654717
Durbin-Watson stat	0.495908	Prob(F-statistic)	0.920724

图 9 – 42

Variable	Coefficient	Std. Error	t-Statistic	Prob.
C	-0.994447	8.609500	-0.115506	0.9081
GRREXP	-0.074661	0.079554	-0.938502	0.3485
GRRFC	0.125438	0.029963	4.186387	0.0000

Effects Specification		
	S.D.	Rho
Cross-section random	0.000000	0.0000
Idiosyncratic random	7.747933	1.0000

Weighted Statistics			
R-squared	0.041426	Mean dependent var	5.614138
Adjusted R-squared	0.036988	S.D. dependent var	7.654913
S.E. of regression	7.512010	Sum squared resid	24377.89
F-statistic	9.334631	Durbin-Watson stat	0.492996
Prob(F-statistic)	0.000107		

Unweighted Statistics			
R-squared	0.041426	Mean dependent var	5.614138
Sum squared resid	24377.89	Durbin-Watson stat	0.492996

图 9 – 43

参考文献

［1］ 王美今，林建浩. 计量经济学应用研究的可信性革命 ［J］. 经济研究，2012，02：120 – 132.

［2］ 李子奈，齐良书. 计量经济学模型的功能与局限 ［J］. 数量经济技术经济研究，2010，09：133 – 146.

［3］ 李子奈. 计量经济学应用研究的总体回归模型设定 ［J］. 经济研究，2008，08：136 – 144.

［4］ 张晓桐. EViews 使用指南与案例 ［M］. 北京：机械工业出版社，2007.

［5］ J. M. 伍德里奇. 计量经济学导论——现代观点 ［M］. 北京：中国人民大学出版社，2003.

［6］ 于俊年. 计量经济学软件：EViews 的使用 ［M］. 北京：对外经济贸易大学出版社，2006.

［7］ 刘巍，陈昭. 计量经济学软件：EVIEWS 操作简明教程 ［M］. 广州：暨南大学，2009.

［8］ 潘省初，周凌瑶. 计量经济分析软件——EVIEWS. SAS 简明上机指南 ［M］. 北京：中国人民大学出版社，2005.

［9］ 刘巍. 计量经济学软件 EViews 6. 0 建模方法与操作技巧 ［M］.

北京：机械工业出版社，2011.

［10］任英华. EViews 应用实验教程 ［M］. 长沙：湖南大学出版社，2008.

［11］王乃静，李国锋. 基于 EVIEWS 软件的计量经济学建模检验案例解读 ［J］. 数量经济技术经济研究，2001，10：94 – 97.